Sextant, vers 1940

Pièces de monnaie de l'épave du *SS Medina*, 1917

Bois d'une épave antérieure au règne d'Elisabeth Ire d'Angleterre

Globe terrestre de poche

Restes d'un tonneau de pièces de monnaie retiré de l'épave de l'*Admiral Gardiner*, 1809

Hublot du vapeur *Duoro*

Bateau-phare, 1937

Pièces d'or (souverains) de l'épave du *Ramillies*, 1760

Jeu de poids-étalons de l'épave du *Santo Christo de Castello*, 1666

Harmonicas après un séjour de 100 ans sous la mer

épaves et naufrages

Bouteilles de l'*Earl of Abergavenny*, naufragé en 1805

par
Richard Platt

Photographies originales d'Alex Wilson et Tina Chambers

Amas de pièces de monnaie couvertes de concrétions calcaires

Moyeu de roue de gouvernail provenant d'un vapeur de la Première Guerre mondiale coulé sur la côte nord de Cornouailles, en Angleterre

Dauphins décoratifs en bronze ayant servi de support à l'habitacle (boîte du compas) du vapeur *Duoro*

GALLIMARD

Cloche de l'épave du *Fresco*, 1940

Pistolet à percussion à silex trouvé sur l'épave du *Hollandia*, 1743

Comité éditorial

Londres :
Gillian Denton, Linda Martin,
Melanie Halton, Ann Canings, Julia Harris,
Deborah Pownall, Richard Larn et Lisa Moss

Paris :
Christine Baker, Clotilde Lefebvre,
Jacques Marziou et Eric Pierrat

Edition française traduite et adaptée par
Jean-Yves Blot, archéologue sous-marin
Edition : Eric Pierrat
Préparation : Emmanuel de Saint-Martin,
Correction : Eliane Tizo et Claire Passignat
Montage PAO : Myriam Leblond
Flashage : Actuels Service, Vannes (56)
Maquette de couverture : Pierre Lescault
Photogravure de couverture : Mirascan

Publié sous la direction de

Peter Kindersley,
Jean-Olivier Héron
et
Pierre Marchand

AVERTISSEMENT DE L'ÉDITEUR

Ce livre n'engage en aucun cas la responsabilité de l'éditeur en ce qui concerne la validité des informations qu'il contient. Il n'est en aucun cas destiné à aider les personnes, organisations ou sociétés qui désireraient rechercher un ou plusieurs sites ou épaves mentionnés dans ce livre. L'éditeur ne peut que conseiller à ceux que cette aventure tenterait de prendre toutes les dispositions quant à la sécurité et à la légalité de leurs projets.

Maquette de la *Mary Rose*, 1545

ISBN 2-07-05793-9
La conception de cette collection est le fruit
d'une collaboration entre les Editions Gallimard
et Dorling Kindersley

Loi n° 49-956 du 16 juillet 1949
sur les publications destinées à la jeunesse
Dépôt légal : octobre 1997
N° d'édition : 80088

Photogravure : Colourscan, Singapour
Imprimé par Toppan à Singapour

Lanterne de signalisation de bord

Boîte d'allumettes en fer étamé, trouvée sur l'épave de l'*Avalanche*, 1877

Collection de pièces de monnaie remontées du fond de la mer

SOMMAIRE

Corail sur une bouteille

NAUFRAGES, ÉPAVES ET SAUVETAGES 8

LES PÉRILS DE LA MER 10

DEUX ÉPAVES DE L'ANTIQUITÉ 12

LES PREMIÈRES RECHERCHES D'ÉPAVES 14

LES JONQUES D'EXTRÊME-ORIENT 16

LE RENFLOUAGE DE LA « MARY ROSE » 18

QUELQUES HISTOIRES DE NAUFRAGE 20

UNE ÉPAVE DE L'INVINCIBLE ARMADA 22

DISPARUS DANS LE LAC ONTARIO 24

LE « VASA » DANS LA VASE 26

LE « TITANIC » SOMBRE À SA PREMIÈRE TRAVERSÉE 28

LES MARÉES NOIRES 30

LA NAVIGATION 32

LES PHARES, GUIDES DU MARIN PRÈS DES CÔTES 34

LES COMMUNICATIONS, GAGES DE SÉCURITÉ 36

LES RESCAPÉS NE SONT PAS FORCÉMENT SAUVÉS 38

LE SAUVETAGE PAR AIR ET PAR MER 40

L'ÉQUIPEMENT D'UN BATEAU DE SAUVETAGE 42

PLONGÉES DES PREMIERS TEMPS 44

L'INVENTION DU SCAPHANDRE AUTONOME 46

LA PLONGÉE EN EAUX PROFONDES 48

LA LOCALISATION DES ÉPAVES 50

LA VIE À BORD 52

LES CARGAISONS PERDUES 54

RESTAURATION ET CONSERVATION 56

LES NAUFRAGES, THÈME ÉTERNEL 58

INDEX 60

NAUFRAGES, ÉPAVES ET SAUVETAGES

Demandez à n'importe qui ce qu'évoque pour lui un naufrage. Il vous répondra sans doute : un bateau qui coule ou se fracasse contre des rochers. Un autre pensera plutôt à l'épave d'un navire gisant sur le fond de la mer. Si c'est un marin, il s'exclamera : « C'est la fin du monde pour ceux qui sont à bord ! » Mais peut-être que l'on vous racontera aussi des histoires palpitantes de gens sauvés *in extremis* par des sauveteurs audacieux, de naufragés, de trésors engloutis et de mystères jamais éclaircis. Un archéologue dira volontiers que les épaves sont des témoins fascinants du passé, figés dans le temps comme les aiguilles d'une montre brisée. Toutes ces réponses sont justes : elles reflètent la diversité des expériences humaines face à la mer, enchanteresse ou terrible.

DRAME ET TRAGÉDIE
Certains anciens auteurs grecs ont parlé des naufrages dès le VIIIe siècle av. J.-C. Depuis, le drame que constitue un tel accident n'a cessé de fasciner les artistes (p. 58-59), dont Samuel Owen, qui a peint cette scène en 1837.

TRÉSORS DES PROFONDEURS
Le mot épave est associé à celui de trésor depuis le XVIIe siècle, quand furent repêchées de précieuses cargaisons englouties avec les navires qui les transportaient de l'Amérique du Sud vers l'Espagne.

Dollars mexicains (liberty dollars) *trouvés dans l'épave du* Crescent City *coulé en 1871*

SAUVER DES VIES EN MER
Quand un navire fait naufrage à proximité d'une côte, un bateau de sauvetage (p. 40-43) se dirige rapidement vers le lieu de l'accident. Les sauveteurs hissent hors de l'eau les survivants ou les font sortir de leur navire s'il flotte encore. Un brancard comme celui-ci permet de sauver des blessés sans aggraver leurs blessures.

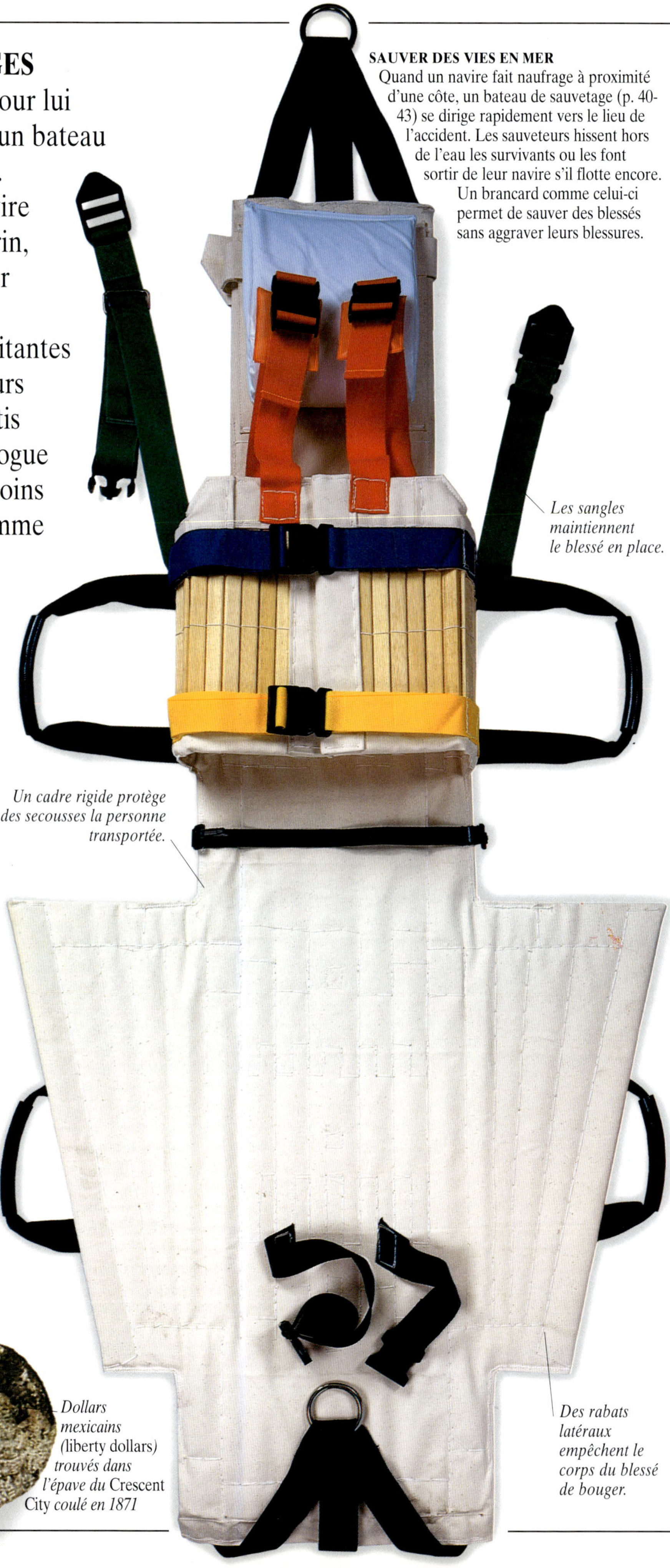

Les sangles maintiennent le blessé en place.

Un cadre rigide protège des secousses la personne transportée.

Des rabats latéraux empêchent le corps du blessé de bouger.

TRAGÉDIE À L'ITALIENNE
Les équipements de navigation (p. 32-33) ne font que réduire les risques d'accident. En 1956, lors d'une nuit de brouillard, le *Stockholm* n'était qu'un point lumineux qui approchait sur l'écran radar de l'*Andrea Doria* (ci-dessus). Ce paquebot italien n'eut pas le temps de changer de route pour éviter la collision.

SAUVETAGE PAR LES AIRS
Un navire en détresse est plus aisément repérable à partir d'un avion. Quand l'épave est repérée, des hélicoptères (p. 41 et 43) prennent la relève et peuvent hisser les rescapés avec un treuil. Les services de sauvetage aérien et maritime collaborent étroitement.

MER DÉMONTÉE
Avant l'avènement de la vapeur, les tempêtes ont provoqué la perte d'innombrables vaisseaux. Un bâtiment à voiles entraîné sous le vent (rivage face au vent), par mer forte, avait très peu de chances d'échapper au naufrage.

RONGÉE SANS RELÂCHE
Souvent la mer empêche l'homme d'accéder à une épave pendant des siècles, mais elle ne protège pas le navire naufragé de l'action des organismes marins. Ceux-ci ont attaqué le bois de cette roue de gouvernail, réduite à son moyeu et à ses rayons en l'espace de 90 ans.

Rayon de bois rongé par les organismes marins

BATEAU FANTÔME
Parti le 7 novembre 1872 de New York avec son équipage, le voilier *Marie Céleste* fut retrouvé le 4 décembre, dérivant en plein Atlantique, entre les Açores et le Portugal. Il était vide mais intact. Un repas se trouvait servi sur la table du carré, et toute la cargaison d'alcool était en place. Personne n'a jamais pu expliquer ce qui était arrivé à l'équipage.

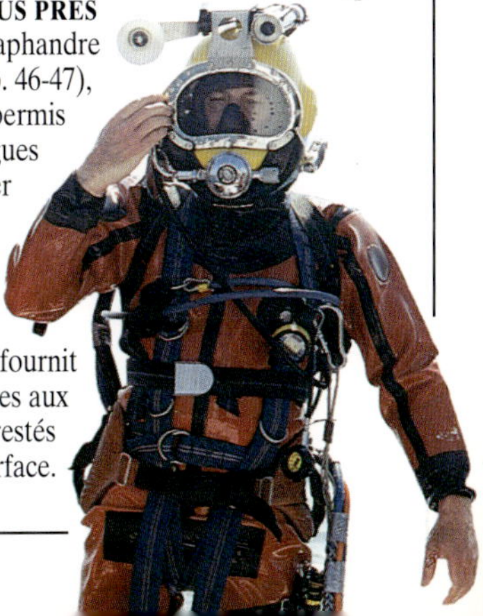

ALLEZ VOIR DE PLUS PRÈS
L'invention du scaphandre autonome (p. 46-47), en 1943, a permis aux archéologues d'accéder aux épaves. Ce plongeur, équipé d'un casque avec caméra vidéo, fournit des images aux ingénieurs restés en surface.

LES PÉRILS DE LA MER

La vie que mène le marin est dangereuse ; elle est sujette au vent, aux vagues, aux rochers ou aux glaces contre lesquels un navire peut se fracasser. Ces périls et bien d'autres, dont l'incendie, détruisent encore des bateaux grands et petits, y compris ceux à la robuste coque d'acier ou équipés de moteurs puissants. En cas de naufrage, les personnes qui n'ont pas la chance d'atteindre l'embarcation de sauvetage se noient sans tarder. C'est étonnant, mais nager est, chez les marins, un savoir très récent. Quand le navire de guerre britannique *Lichfield* fit naufrage, en 1758, soixante hommes seulement, sur un total de trois cent cinquante, savaient nager. Souvent même, personne à bord ne savait nager. En cas d'accident à proximité d'une côte, la vie de l'équipage d'un navire échoué dépendait entièrement du câble de sauvetage que l'on tendait du rivage pour que les hommes s'y accrochent et rejoignent la terre. On comprend pourquoi un marin sur deux mourait dans son lit.

VAGUES MONSTRUEUSES
Par grand vent, la hauteur des vagues devient terrifiante. Le navire qu'elles submergent risque d'être endommagé. Si le bateau s'échoue, il est vite brisé sous la pression et la force de succion des vagues qui s'écrasent sans répit sur la côte.

BALISAGE
Les dangers connus pour la navigation sont signalés par des repères flottants (bouées), fixés à des chaînes ou à des câbles que l'on a ancrés. La couleur et la forme d'une bouée permettent d'identifier le danger qu'elle indique. C'est à la fin du XVe siècle que les premières bouées, en bois, ont été utilisées en Europe.

ÉPAIS BROUILLARD
Le brouillard marin se forme quand un souffle d'air chaud passe sur l'eau froide de la mer. Avant l'invention du radar, naviguer dans le brouillard était très dangereux. Seules les cornes de brume et les cloches des navires permettaient à l'homme de barre (chargé de gouverner le bateau) d'éviter l'échouage ou la collision.

BANCS TRAÎTRES
A marée basse, il est facile à un navire de s'échouer sur des bancs de sable. Comme l'emplacement de ces derniers varie sous l'action des courants, les cartes du bord ne peuvent en donner qu'une position approximative.

CEINTURE CORALLIENNE
De nombreuses îles tropicales sont ceintes de récifs de corail (formés à partir des squelettes calcaires d'organismes marins). Les grands navires mouillent l'ancre à l'extérieur de l'anneau corallien, en dehors du récif, tandis que les bâtiments plus petits tentent de franchir les passes entre les récifs.

BOUÉE D'ÉPAVE
Dans les passages étroits ou peu profonds, les épaves font obstacle à la navigation. Les vestiges de plus de deux mille naufrages encombrent la Manche, l'une des routes maritimes les plus denses qui soient. Des bouées marquent la position des plus dangereuses épaves.

FROID TENAILLANT

L'océan est gelé en permanence aux alentours des pôles Nord et Sud. En hiver, la banquise, formée d'eau de mer congelée sur plusieurs mètres d'épaisseur, s'étend. Si un navire se trouve pris dans les glaces, tel le *Pandora* (à droite), en 1876, il reste bloqué jusqu'au printemps. Les blocs de glace en dérive (packs) provoquent des pressions suffisantes pour écraser et couler un navire à coque de bois.

ÉVITER L'OURAGAN

Depuis 1960, des satellites en orbite autour de la terre permettent de suivre les ouragans et d'envoyer des avis aux navires. Mais la prévision météorologique n'a pas toujours été aussi fiable. Autrefois, les marins se fiaient à des instruments comme ce baryocyclomètre. En bas, le baromètre fait connaître la pression atmosphérique. En haut est indiquée la route la plus sûre en fonction de la direction du vent.

OURAGAN

Cyclone, typhon, ouragan ; ces trois mots désignent la même chose : une gigantesque tempête tropicale tournante. Les ouragans entraînent des pluies torrentielles, des vents jusqu'à 180 km/h, et une mer énorme. Certains cyclones sont si puissants qu'ils soulèvent des yachts et les jettent à terre.

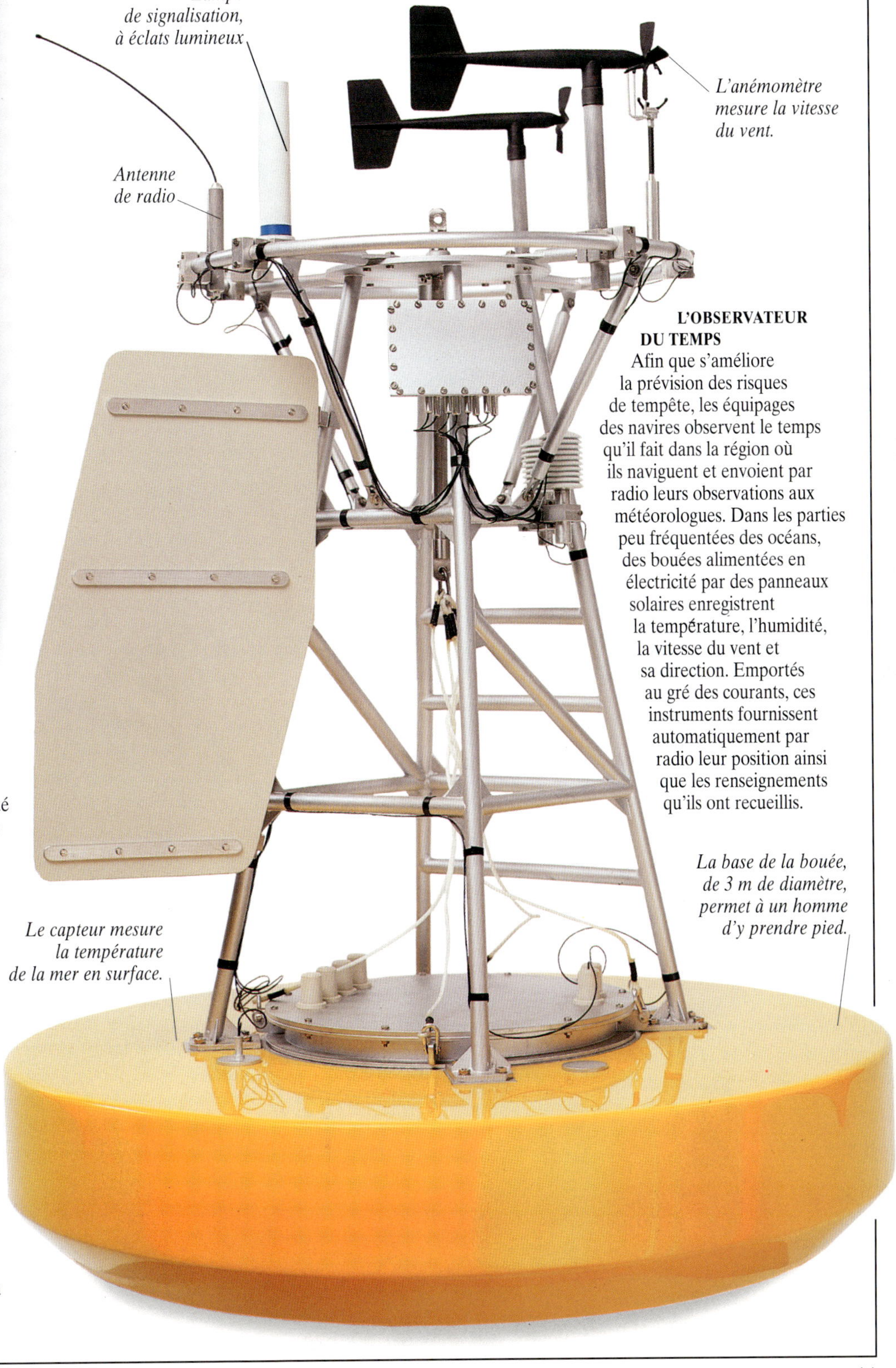

L'OBSERVATEUR DU TEMPS

Afin que s'améliore la prévision des risques de tempête, les équipages des navires observent le temps qu'il fait dans la région où ils naviguent et envoient par radio leurs observations aux météorologues. Dans les parties peu fréquentées des océans, des bouées alimentées en électricité par des panneaux solaires enregistrent la température, l'humidité, la vitesse du vent et sa direction. Emportés au gré des courants, ces instruments fournissent automatiquement par radio leur position ainsi que les renseignements qu'ils ont recueillis.

DEUX ÉPAVES DE L'ANTIQUITÉ

Les marins qui naviguaient en Méditerranée orientale il y a plus de 3 400 ans appartenaient à différentes civilisations prospérant sur ses îles et rivages. Mais pour tous, que ce fût dans la langue de l'Egypte, de Chypre, de Grèce ou d'un autre pays, le mot naufrage était terrorisant. Nombre de leurs embarcations ont coulé et l'étude de ces épaves (les plus anciennes qu'on ait retrouvées) a renouvelé la connaissance des anciennes cultures méditerranéennes. Quand le navire d'Ulu Burun fit naufrage, au XIVe siècle av. J.-C., il transportait assez de cuivre et d'étain pour fabriquer plus de onze tonnes de bronze. La découverte de ce métal, ainsi que celle de verre, de résine parfumée et d'objets en or, fait penser que la cargaison du bateau était un présent destiné à un roi de l'âge du bronze, peut-être le pharaon d'Egypte.

La présence de la cargaison d'amphores (vases de terre cuite) à vin a facilité la conservation de la coque de bois.

Les membrures de renfort (poutres transversales) furent ajoutées une fois la coque construite.

Des clés relient entre elles les virures.

CONSTRUCTION
Les restes de la coque trouvée au large de Kyrenia, bourgade de l'île de Chypre, montrent comment les charpentiers grecs construisaient leurs navires il y a 2 400 ans. La tranche de chaque virure de bordé (planches formant la coque) était percée de trous dans lesquels on enfonçait des clés (plaquettes de bois) fixées dans la virure voisine. Mille ans plus tôt, le bateau d'Ulu Burun était construit selon le même principe.

RENAISSANCE D'UN NAVIRE ANTIQUE
L'épave de Kyrenia était très bien conservée. Elle comprenait une partie des virures (planches) de la coque et le massif d'emplanture (endroit où s'encastre le pied du mât). En se basant sur ces informations, des constructeurs et des archéologues navals d'aujourd'hui ont fabriqué une réplique de l'ancien bateau grec et l'ont fait naviguer avec succès.

Réplique du bateau de Kyrenia

ULU BURUN
En 1982, un plongeur turc qui cherchait des éponges découvrit la plus ancienne épave alors connue. Une cargaison de barres de cuivre reposait au fond de la mer. Elle fut remontée plus tard, lors de la fouille archéologique. Amphores (à gauche) et ancres de pierre jonchaient aussi le site, qui reçut le nom de l'endroit, Ulu Burun.

Pendentif où figure une déesse inconnue tenant une gazelle dans chaque main

Bracelet en or

Médaillon avec motif d'étoile caractéristique de Canaan

BIJOUTERIE CANANÉENNE
La découverte dans l'épave d'Ulu Burun de bibelots et de matières premières provenant de Canaan (partie de l'actuel Israël) a éclairé d'un jour nouveau l'histoire du commerce antique en Méditerranée. On pensait jusqu'alors que les marchands de Mycènes (une ancienne cité-Etat de Grèce) dominaient seuls le commerce maritime dans la région.

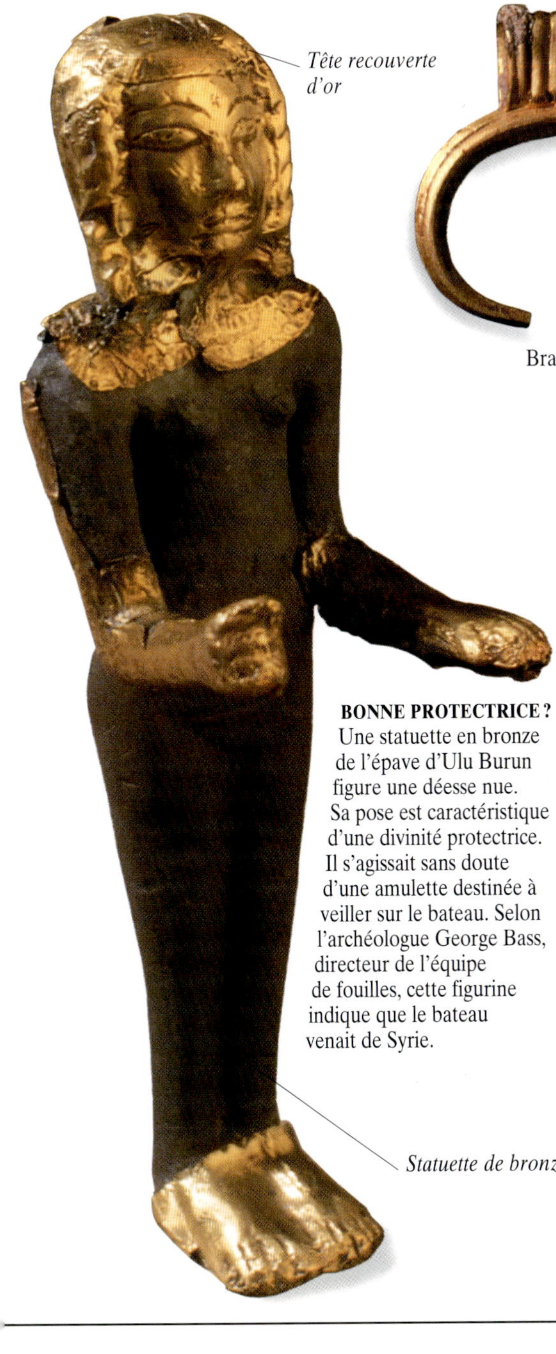

Tête recouverte d'or

BONNE PROTECTRICE ?
Une statuette en bronze de l'épave d'Ulu Burun figure une déesse nue. Sa pose est caractéristique d'une divinité protectrice. Il s'agissait sans doute d'une amulette destinée à veiller sur le bateau. Selon l'archéologue George Bass, directeur de l'équipe de fouilles, cette figurine indique que le bateau venait de Syrie.

Statuette de bronze

Gond en ivoire

LE PLUS VIEUX LIVRE DU MONDE
Des gonds d'ivoire relient les deux tablettes de bois creusées de cette planche à écrire. Les plongeurs ont retrouvé cet objet dans une très grande jarre de terre cuite contenant des grenades (fruits du grenadier). A l'origine, la surface en creux des tablettes était recouverte d'une couche de cire d'abeille dans laquelle on écrivait avec un stylet. Ce serait le plus vieux livre du monde… si la cire s'était conservée.

LES PREMIÈRES RECHERCHES D'ÉPAVES

Un naufrage est une tragédie pour les familles des noyés. Mais c'est aussi un désastre financier pour le propriétaire du bateau ou le négociant dont les marchandises se sont perdues avec le navire. Avec le développement de la navigation, l'homme a cherché à récupérer ce que la mer lui avait pris. Le sauvetage d'épaves en eau peu profonde était à la portée des plongeurs en apnée (qui retiennent leur respiration une minute ou plus sous l'eau). Mais les épaves en eau profonde restèrent hors d'atteinte jusqu'à la mise au point du scaphandre, vers 1830. L'examen scientifique des vestiges gisant sous l'eau ne commença qu'à la fin des années 1950, quand les archéologues devinrent à leur tour des plongeurs grâce à l'invention du scaphandre autonome.

CE CHER « VASA »
La construction du *Vasa* (p. 26-27) coûta un vingtième du budget de la Suède. Son naufrage, en 1628, au large de Stockholm, fut donc une perte énorme. Des années plus tard, des plongeurs descendirent dans une cloche et remontèrent nombre de canons de bronze.

PREMIERS PLONGEURS
Des plongeurs bien entraînés, pêcheurs de perles ou d'éponges, pouvaient atteindre en apnée la profondeur de 50 m. Mais 30 m semblent être la limite atteinte lors du sauvetage d'épaves dans ces conditions.

LE SAUVETAGE DU « ROYAL GEORGE »
Jadis un seul canon de bronze représentait le salaire annuel de vingt marins. En 1782, le *Royal George* coula avec 100 pièces d'artillerie. On fit, en vain, plusieurs essais pour renflouer le vaisseau et ses canons. L'épave fut finalement détruite à l'explosif en 1848 pour dégager la rade qu'elle obstruait.

À LA PÊCHE AUX CANONS
Quand la *Mary Rose* (p. 18-19) coula, en 1545, des plongeurs vinrent de Venise pour tenter de sauver l'épave. Ils ne récupérèrent que quelques canons. Près de trois siècles plus tard, John et Charles Deane remontèrent les canons grâce à un scaphandre de leur invention.

ARGENT FANTÔME

En 1702 une flotte anglo-hollandaise attaqua la rade de Vigo (à droite), en Espagne, et coula plusieurs vaisseaux espagnols et français, arrivés d'Amérique, les cales pleines d'argent. Mais celui-ci avait été débarqué peu avant la bataille et acheminé vers l'intérieur du pays en chars à bœufs. Dans l'ignorance ou le doute, de nombreuses expéditions ont par la suite cherché le trésor au fond de la baie.

LE REGARD DU PHILOSOPHE

Parmi les trésors de l'art antique remontés de l'épave d'Anticythère par des scaphandriers grecs, en 1900-1901, se trouvait ce buste de philosophe. Les statues de bronze et de pierre découvertes sur l'épave étaient déjà des antiquités quand elles coulèrent. Le navire qui les transportait a été daté de l'époque romaine.

LA STATUE DE POSÉIDON

En 1928, un pêcheur grec signala à des plongeurs l'endroit où son filet avait accroché quelque chose, au large du cap Artémision. Au fond, les plongeurs trouvèrent une statue de bronze haute de 2 m représentant Poséidon, le dieu grec de la mer. La sculpture a rejoint le musée national d'Athènes et une copie figure au siège de l'ONU, à New York.

La grand-voile est renforcée par des cordages.

Grand étai (câble) du grand mât

L'ÉPAVE D'ANTICYTHÈRE

En 1900, lors d'une plongée de routine au large de l'île grecque d'Anticythère, un scaphandrier grec pêcheur d'éponges trouva sur le sable, par plus de 40 m de fond, des corps de bronze. Il s'agissait d'objets d'art perdus lors d'un naufrage, au début du Ier siècle av. J.-C. Les recherches organisées en 1900 et 1901 par les autorités grecques permirent le sauvetage des sculptures et d'un calculateur astronomique en bronze.

LES JONQUES D'EXTRÊME-ORIENT

Pendant des siècles, les plus grands et les plus sûrs navires du monde ne furent ni les galions d'Espagne ni les vaisseaux de Hollande mais les jonques chinoises. La Chine a une tradition de construction navale très ancienne. Au début du XVe siècle, ses charpentiers construisaient d'énormes navires de haute mer. Et quand ils inventèrent le gouvernail d'étambot (p. 17), les Arabes le copièrent avant de le transmettre à l'Occident. Sept siècles avant les navires d'Europe, les jonques chinoises bénéficiaient de compartiments étanches, caractéristique très utile en mer, qui attira l'attention du Vénitien Marco Polo à la fin du XIIIe siècle. Vers 1450, les jonques chinoises étaient aussi grosses et performantes que les navires européens le seraient au XIXe siècle. Malgré tout, les jonques, elles aussi, faisaient naufrage.

LA JONQUE DE COMMERCE
La jonque était idéale pour commercer le long des côtes et sur les grands fleuves de Chine. Son safran (partie verticale du corps du gouvernail) relevable et son fond plat facilitaient l'échouage et la navigation en eau peu profonde.

TESTEUR DE POISON
Le navire de Sinan (à droite) transportait surtout de la porcelaine chinoise vert pâle, appelée céladon. Les superstitieux croyaient que cette poterie changeait de couleur si son contenu était empoisonné.

DANS L'ÉPAVE DE SINAN
Le voyageur vénitien Marco Polo (1254-1324) a sans doute pris ses repas dans de la vaisselle comme celle-ci quand il séjourna à la cour impériale de Kubilay Khan. Cette cargaison de porcelaine allait de Chine au Japon quand le bateau de Sinan fit naufrage, au large de la Corée, vers 1323.

DIEU HERMAPHRODITE
Une statuette en céramique, retrouvée presque intacte sur l'épave de Sinan, représente Kuan-yin, dieu populaire bouddhique. Ni homme ni femme, il a un visage féminin et porte une moustache touffue.

PERSONNAGES DES PROFONDEURS
A la suite de la découverte de porcelaines par un pêcheur de la côte sud du Viêt-nam, une compagnie de sauvetage commanditée par l'Etat a fouillé l'épave d'une jonque naufragée vers 1690. L'épave avait brûlé jusqu'à la ligne de flottaison avant de couler. On lui donna le nom d'un port voisin, Vung Tau. Ces figurines de porcelaine blanche faisaient partie de sa riche cargaison.

GOUVERNAIL D'ÉTAMBOT
Bien dans l'axe de la quille, le gouvernail d'étambot, que l'on voit ici sur une jonque Keying, permit de gouverner de façon efficace et sûre de très grandes embarcations. Son utilisation en Europe ne commença que vers 1200, en remplacement de la version antérieure, constituée par un ou deux avirons installés contre le flanc du bateau.

LES VASES DE VUNG TAU
Les plongeurs vietnamiens ont remonté une quantité surprenante de porcelaines chinoises de l'épave de Vung Tau. La forme et le dessin de ces vases des années 1690 étaient dictés par les choix et les goûts des acheteurs européens auxquels ils étaient spécialement destinés.

JONQUES PIRATES
La marine de guerre chinoise a une très longue histoire. Il y a plus de mille ans, des bateaux à roues menaient des batailles navales sur les lacs de l'intérieur du pays. La répression de la piraterie fut aussi, pendant des siècles, une des tâches du gouvernement chinois. En 1841, lors de la guerre dite de l'Opium, le vapeur britannique *Nemesis* de la Compagnie des Indes orientales détruisit avec son artillerie les jonques de pirates qui l'affrontaient dans la baie Anson.

DE HAUTS BOLS À THÉ
La jonque de Vung Tau coula vers 1690, à une époque où la porcelaine chinoise était rare et recherchée en Europe. Au siècle suivant, le secret de fabrication de la porcelaine fut percé par les céramistes européens, qui purent dès lors fabriquer des vases semblables. Le marché se trouvait alors inondé par des produits chinois de qualité inférieure. Des historiens ont estimé que, en trois cents ans, près de 170 millions de porcelaines ont été importées de Chine, depuis l'arrivée des premiers navires européens dans l'empire du Milieu, au début du XVIe siècle.

LE RENFLOUAGE DE LA « MARY ROSE »

Un jour d'été de 1545, Henri VIII, roi d'Angleterre (1491-1547), regardait sa flotte évoluer dans le Solent, un bras de mer abrité de la côte sud anglaise. Cette flotte, dont la *Mary Rose*, le second navire par la taille, allait affronter des vaisseaux français faisant route vers eux. Sans doute lors de la manœuvre des voiles, le vent s'engouffra soudain dans la toile et la *Mary Rose* donna aussitôt de la bande (pencha sur le côté). Quand les premiers sabords (ouvertures dans la coque pour les canons) touchèrent la mer, l'eau s'engouffra à l'intérieur. En coulant, la *Mary Rose* entraîna la noyade de plus de 650 marins et soldats, dont l'officier en chef, sir George Carew. Quelques minutes après l'accident, on ne voyait plus que le sommet des mâts au-dessus de l'eau.

EN L'HONNEUR D'UNE PRINCESSE
La *Mary Rose* fut baptisée en l'honneur de la sœur préférée du roi, Marie Tudor, et de la fleur figurant sur les armoiries royales. La seule image du vaisseau qui nous est parvenue est postérieure d'un an au naufrage. Elle nous montre un navire majestueux et puissant, conçu pour la guerre.

LES CANONS DU ROI
La construction de la *Mary Rose*, commandée par Henri VIII à ses charpentiers navals lors de la première année de son règne, faisait partie de l'effort royal pour accroître la puissance militaire navale anglaise. Le roi nomma un fondeur pour fournir à cette marine en expansion des canons de bronze et de fer. La production des fonderies royales fut telle qu'elle provoqua une pénurie généralisée d'étain, métal qui, combiné avec le cuivre, donne le bronze.

Côté tribord de l'épave de la *Mary Rose* renflouée en 1982

Une grue-ponton soulève l'épave.

Un châssis métallique soutient la coque.

RENFLOUÉE EN L'ÉTAT

Des plongeurs ont retrouvé la *Mary Rose* en 1971. Pour remonter l'épave, après des années de fouille méticuleuse dans l'eau sombre, on la boulonna à un puissant châssis métallique qui permit de la hisser à la surface sans la déformer. Les restes du vaisseau sont aujourd'hui conservés à Portsmouth, en Angleterre.

LA BOISSON DU CAPITAINE

Les officiers de la *Mary Rose* prenaient leurs repas dans de la vaisselle d'étain, et ce pot a sans doute contenu le vin qu'ils burent lors de leur dernier repas. L'équipage se contentait d'ustensiles moins coûteux : leurs chopes ressemblaient à de petits tonneaux étanchés avec de la poix.

Pot d'étain

LA CHASSE AUX INDICES

On n'a rien découvert sur l'épave de la *Mary Rose* qui puisse expliquer entièrement son accident. Les documents historiques fournissent cependant deux indices. Près de 300 soldats se trouvaient à bord, en plus des 415 hommes d'équipage. Avant le naufrage, George Carew cria à un navire proche : « J'ai avec moi des coquins qui ne m'obéissent pas. » Il est possible qu'une discussion entre officiers au sujet de la manœuvre ait provoqué un retard fatal, entraînant la gîte brutale du navire. Le poids des soldats dans ses parties hautes aurait alors fait chavirer le vaisseau et provoquer son naufrage.

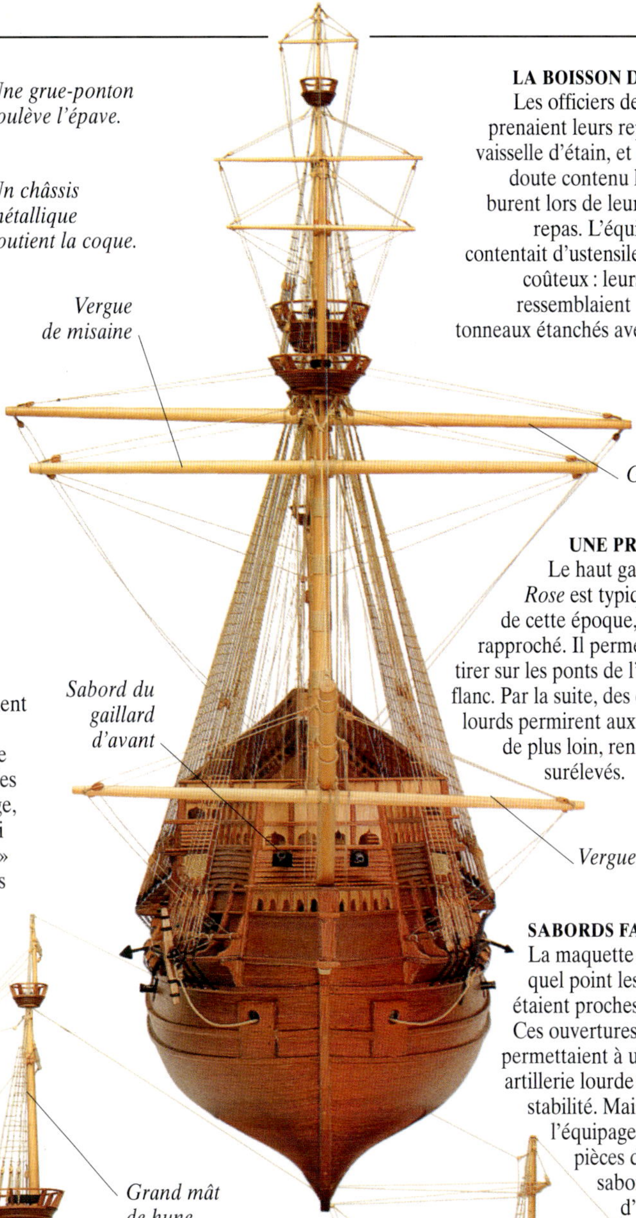

Vergue de misaine

Grand-vergue

Sabord du gaillard d'avant

Vergue de civadière

UNE PROUE POUR LA GUERRE

Le haut gaillard d'avant de la *Mary Rose* est typique des navires de guerre de cette époque, conçus pour le combat rapproché. Il permettait aux archers de mieux tirer sur les ponts de l'adversaire collé à leur flanc. Par la suite, des canons de plus en plus lourds permirent aux combattants de s'affronter de plus loin, rendant inutiles les gaillards surélevés.

SABORDS FATALS

La maquette de la *Mary Rose* montre à quel point les sabords des canons étaient proches de la ligne de flottaison. Ces ouvertures découpées dans la coque permettaient à un navire de porter son artillerie lourde tout en conservant sa stabilité. Mais, par gros temps, l'équipage devait faire reculer les pièces d'artillerie et fermer les sabords pour empêcher l'eau d'entrer ; manœuvre qui ne put être exécutée lors des brefs instants qui précédèrent le chavirage du vaisseau.

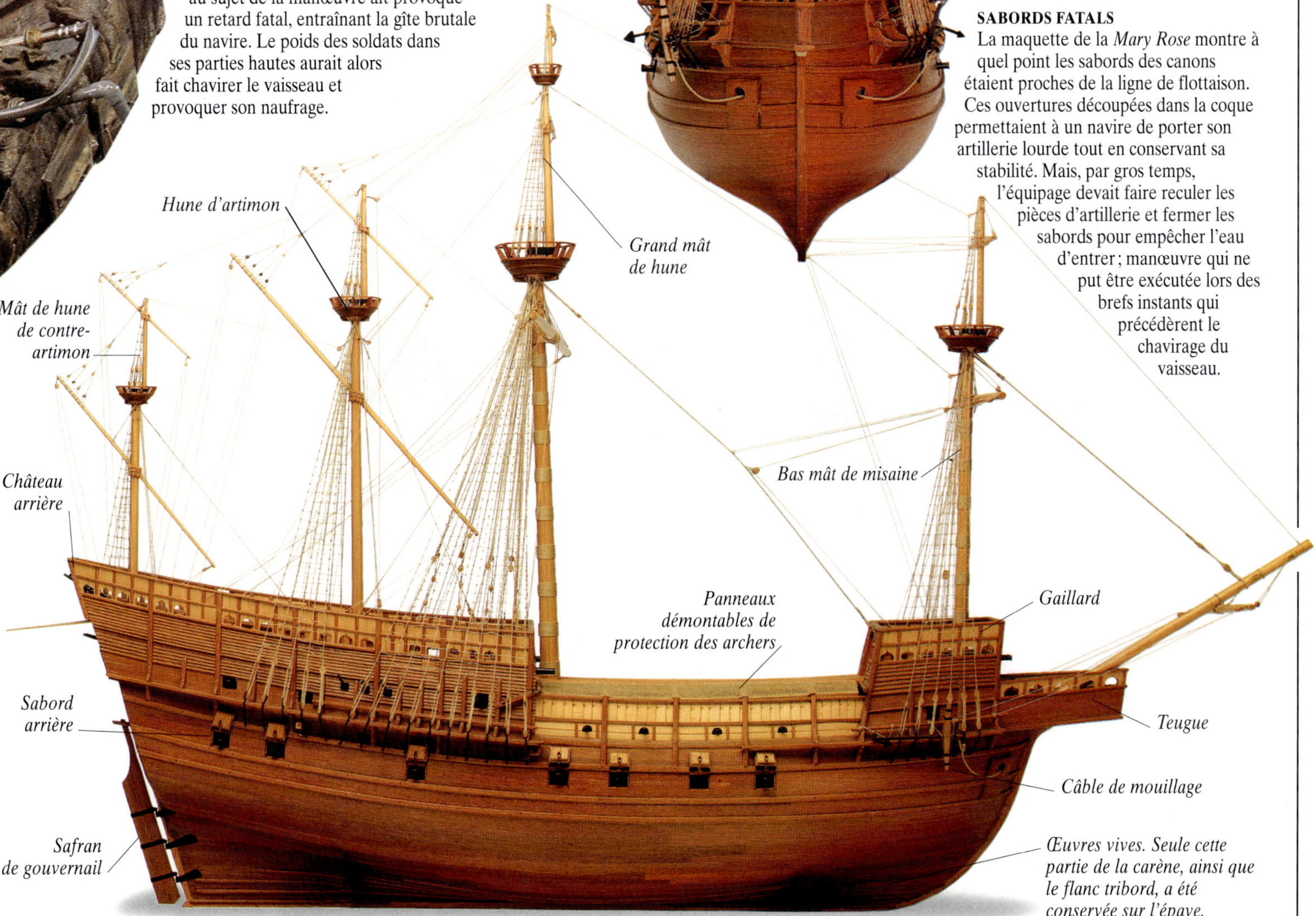

Hune d'artimon

Grand mât de hune

Mât de hune de contre-artimon

Bas mât de misaine

Château arrière

Panneaux démontables de protection des archers

Gaillard

Sabord arrière

Teugue

Câble de mouillage

Safran de gouvernail

Œuvres vives. Seule cette partie de la carène, ainsi que le flanc tribord, a été conservée sur l'épave.

QUELQUES HISTOIRES DE NAUFRAGE

S'avançant dans l'Atlantique, avec ses pointes, ses baies, ses rochers, ses estuaires, ses plages et ses nombreuses îles, de toute taille, l'Europe est un continent maritime dont les eaux côtières sont pleines de pièges, même pour ceux qui les connaissent bien. Des écueils redoutables montent la garde, et certaines des marées les plus fortes du globe balaient ses ports. Apprendre à échapper à ces dangers fut pour les marins européens une des meilleures écoles de navigation du monde.

L'AMI DU MATELOT
Il n'y a aucune raison de penser que l'ivresse des hommes du bord fut la cause du naufrage du *Ramillies*. Cependant, l'alcool était omniprésent dans les navires européens d'autrefois. Les officiers consommaient jusqu'à trois bouteilles de vin par jour, et le penchant des simples marins pour le grog, un mélange de rhum et d'eau, valut à cette boisson le surnom de « meilleur ami du matelot ».

L'« ORIENT » COULÉ À ABOUKIR
Ce fier vaisseau de 118 canons était le navire amiral de la flotte de Bonaparte partant pour la campagne d'Egypte en mai 1798. Commandé par l'amiral Brueys, il mouillait dans la baie d'Aboukir avec seize autres bâtiments de guerre, le port d'Alexandrie étant trop étroit pour les abriter avec le reste de la flotte. Se croyant à l'abri d'un banc de sable qui protégeait la baie, Brueys fut surpris par l'attaque de l'amiral anglais Nelson qui l'avait poursuivi jusque-là à travers la Méditerranée. Pris sous le feu des vaisseaux anglais, l'*Orient* explosa et sombra, peut-être avec les trésors pris à Malte au passage. Depuis, des recherches ont été faites dans la baie, il y a quelques années encore, sans résultat semble-t-il.

Assiette et cuillers trouvés sur le *Ramillies*

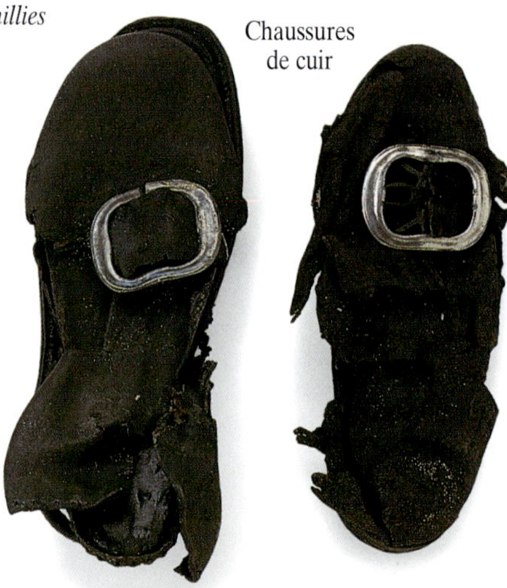

Chaussures de cuir

Boucles

TÉMOINS DE LA VIE À BORD
Les débris de l'épave du *Ramillies* jonchèrent le rivage de la baie de Bigbury et les gens de la côte emportaient en douce tout ce qu'ils pouvaient. Des sauveteurs récupérèrent quelques canons, mais il fallut attendre 1906 pour que l'épave fût vraiment explorée.

LE « RAMILLIES »
Le *Ramillies* était un vaisseau de guerre de premier rang, un des plus puissants de la marine de guerre britannique. Mais sa coque, construite 96 ans plus tôt, prenait eau quand il appareilla pour son dernier voyage, en février 1760, du port de Plymouth, sur la côte sud de l'Angleterre. Au retour, le navire se trouva bloqué dans la baie de Bigbury, 20 km à l'est. Là, des vents cycloniques jetèrent le bateau sur les rochers, entraînant la mort de 700 personnes.

« ROYAL CHARTER »
Ce clipper en acier, venant d'Australie, fit naufrage en octobre 1859 sur les rochers de l'île d'Anglesey (pays de Galles). Un marin parvint à la côte avec un câble, mais une vague brisa la poupe où s'étaient réfugiés passagers et équipage. Il y eut 459 victimes.

Le corps de Virginie retrouvé sur la plage

LE NAUFRAGE DU « SAINT-GÉRAN »
Le 17 août 1744, en vue de l'île de France (actuelle Île Maurice dans l'océan Indien), le *Saint-Géran*, vaisseau de 600 tonneaux de la Compagnie des Indes basée à Lorient, fit naufrage sur un récif de corail. On discute encore de l'identité de la passagère qui aurait inspiré à Bernardin de Saint-Pierre (1737-1814) l'héroïne de son roman *Paul et Virginie* (1788). Celle-ci périt alors qu'elle rentre après une longue séparation d'avec son ami d'enfance, Paul, qui mourra de chagrin.

Chandelier

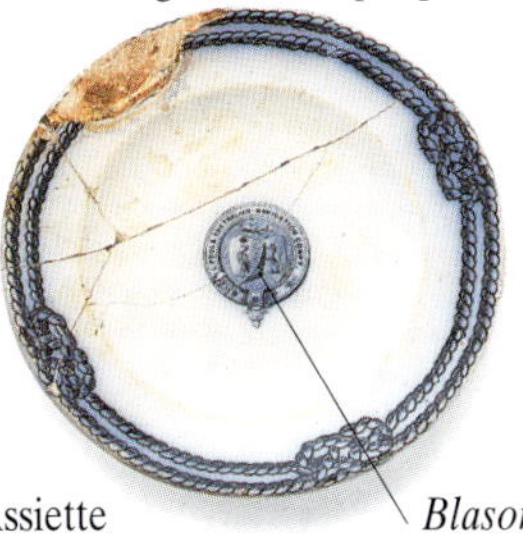

Assiette de porcelaine

Blason de la compagnie

Théière en argent

Le couvercle est collé à l'anse.

Carafe

Souverains en or

LE « DUORO »
Les cales de ce bateau-poste étaient chargées de café, de diamants et d'or tandis qu'il faisait route, en 1882, de l'Amérique du Sud vers l'Angleterre. Le 1er avril, deux jours avant l'arrivée, un navire espagnol heurta le *Duoro*, dont la coque fut enfoncée. La plupart des passagers et des marins se sauvèrent dans les canots de sauvetage, mais la cargaison coula par 450 m de fond, dans le golfe de Biscaye.

Tasse de porcelaine

ATTENTION !
Les petits hublots du *Duoro* n'étaient guère efficaces pour l'aération des cabines. Un passager venu prendre l'air sur le pont aperçut le navire espagnol qui approchait, mais l'équipage ne tint pas compte de ses avertissements.

Assiette de porcelaine

UNE ASSIETTE, PUIS DES MILLIONS
En 1995, la découverte d'une assiette de porcelaine portant le blason de la Poste royale britannique permit aux sauveteurs d'identifier l'épave du *Duoro*. Ils retirèrent 28 000 souverains en or de la cabine-coffre-fort.

Support de la boussole du *Duoro*

UNE ÉPAVE DE L'INVINCIBLE ARMADA

L'Espagne était sûre de la victoire quand elle mobilisa toute sa marine en vue d'envahir l'Angleterre, en mai 1588. On appela Invincible Armada les 130 navires rassemblés, qui comptaient 2 431 canons et 30 656 hommes à leur bord. Une fois arrivée au large des côtes anglaises, elle se heurta aux défenseurs britanniques, qui utilisèrent artillerie et brûlots (navires incendiaires) pour la forcer à se disperser. Comme il faisait mauvais temps, l'Armada dut contourner l'Angleterre et l'Irlande par le nord pour revenir en Espagne. En chemin, elle perdit dans l'Atlantique trente navires. Quatre siècles plus tard, les archéologues ont retrouvé cinq de ces épaves, dont les restes (bijoux, pièces de gréement, etc.) complètent les informations recueillies sur cette infortunée Armada qui causa la mort de milliers de marins espagnols le long des côtes britanniques.

LE MAÎTRE DE L'ESPAGNE
Philippe II, roi d'Espagne de 1556 à 1598, gouvernait un vaste empire dont faisaient partie les Provinces-Unies, foyer d'une révolte qui menaçait l'Espagne. Philippe organisa l'Armada pour faire cesser l'aide britannique aux rebelles et pour en finir avec les attaques des pirates anglais contre les navires espagnols revenant d'Amérique.

Pièces d'or et d'argent retrouvées sur une épave de l'Armada

Route que les navires de l'Armada tentèrent de suivre pour rentrer en Espagne

RÈGLES BAFOUÉES
Les Espagnols s'attendaient à un combat naval rapproché se terminant par un abordage ou la destruction de l'adversaire. Mais les navires anglais, mieux équipés en canons, évitèrent le contact et firent feu sur leurs adversaires tout en se maintenant à distance.

INSTRUMENT INUTILE
Le pilote de la *Girona* utilisait cet astrolabe pour vérifier la route du navire et mesurer la hauteur du soleil. Mais l'Armada revint en Espagne par temps de brouillard et ciel voilé, ce qui jeta de nombreux navires à la côte.

LA ROUTE DE L'ARMADA
La flotte espagnole fut aperçue le 30 juillet 1588, alors qu'elle entrait dans la Manche, où les navires anglais lui emboîtèrent le pas. Le 8 août éclatait la bataille décisive de Gravelines, au cours de laquelle l'Armada, bien que vaincue, ne perdit que quatre navires. Le plus gros de ses pertes vint ensuite, causé non par les boulets anglais mais par les naufrages.

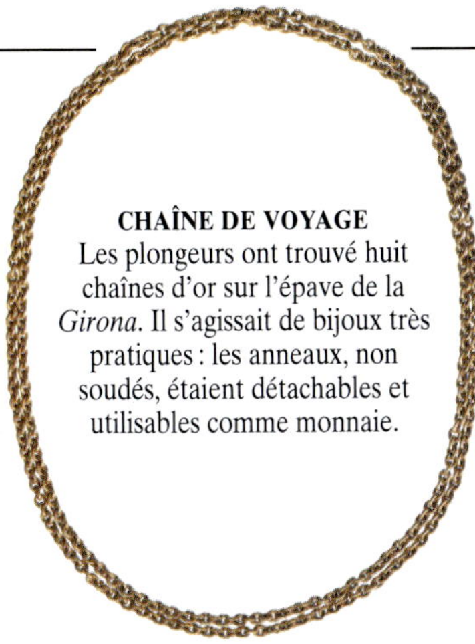

CHAÎNE DE VOYAGE
Les plongeurs ont trouvé huit chaînes d'or sur l'épave de la *Girona*. Il s'agissait de bijoux très pratiques : les anneaux, non soudés, étaient détachables et utilisables comme monnaie.

PORTE-BONHEUR
Quand les plongeurs remontèrent ce reliquaire en or de 4,3 cm de long et de 9 mm d'épaisseur, il conservait les traces de deux *agnus-Dei* (pastilles de cire à l'effigie de l'Agneau mystique), porte-bonheur fabriqués à Rome à partir de cierges de Pâques bénis par le pape.

Figure gravée de saint Jean-Baptiste

Boucle de fil d'or pour fixer la croix à une chaîne

A l'origine, la croix était recouverte d'émail blanc.

LA CROIX DE MALTE
Cette croix en or de 62 mm de diamètre pèse 37 g. Selon Robert Stenuit, découvreur de l'épave de la *Girona*, cet objet appartenait à Fabricio Spinola, aristocrate génois, capitaine du navire et chevalier de l'ordre hospitalier de Malte, fondé lors des croisades et basé dans l'île de Malte depuis 1530.

Le gros temps et le manque d'eau et de nourriture firent cruellement souffrir l'Armada tandis qu'elle contournait l'Ecosse.

Localisation de l'épave de la Girona

Bataille de Gravelines

SALAMANDRE-TALISMAN
Parmi les objets très précieux trouvés sur l'épave de la *Girona* figurait un pendentif en or, dont voici la réplique. La salamandre ayant, selon la légende populaire, le pouvoir de marcher à travers les flammes, on faisait des amulettes à son image pour se protéger de la mort par le feu.

DISPARUS DANS LE LAC ONTARIO

En termes de puissance, les Etats-Unis n'étaient que du menu fretin face à la Grande-Bretagne quand les deux pays entrèrent en guerre, en 1812. La marine britannique comptait alors huit cents vaisseaux de guerre contre seize du côté américain. Les Etats-Unis se mirent à construire en hâte des navires, mais ils armèrent aussi des bâtiments de commerce, dont deux goélettes des Grands Lacs, la *Hamilton* et la *Scourge*. Ces deux goélettes, mieux adaptées à transporter du charbon que des canons, se révélèrent de piètres bateaux de guerre. Le poids d'une cargaison placée bas en cale contribue à la stabilité d'un navire ; de lourds canons sur le pont ont l'effet inverse. « Ça sera notre cercueil », jurait l'équipage de la *Scourge*. Un coup de vent en 1813 leur donna raison. En un instant le vent fit chavirer la *Scourge* et la *Hamilton*, qui coulèrent rapidement, entraînant la mort des deux équipages. Il y eut huit survivants. En 1975, un robot piloté à distance (ROV) dévoila dans la pénombre glacée du lac les surprenantes images des deux épaves.

LA GUERRE DE 1812
Les Etats-Unis firent la guerre à la Grande-Bretagne de 1812 à 1814 du fait de l'ingérence anglaise dans le commerce américain avec la France napoléonienne. Ils voulaient également en finir avec la pratique de la marine de guerre britannique qui retirait les marins de nationalité anglaise des navires américains et les enrôlait de force à son service.

Figure de proue de la *Hamilton*.

LADY HAMILTON
Avant de rejoindre la marine américaine, la *Hamilton* s'appelait *Diana*. Sa figure de proue représente une élégante dame de l'Amérique du XIXe siècle. L'eau douce et froide du lac Ontario a conservé une grande partie des détails de la sculpture.

L'OMBRE DU NAVIRE
Le sonar à balayage latéral (p. 50-51) donne une image fantomatique de l'épave de la *Hamilton*. Le navire est debout sur le fond du lac, coque intacte. L'ombre du signal du sonar montre clairement les deux mâts ; les silhouettes sur le pont indiquent la position des écoutilles, canons, canots et autres équipements de bord. Un navire de recherche du Centre canadien des eaux de l'intérieur a enregistré cette image après avoir localisé l'épave par 88 m de fond.

LA « SCOURGE » ENGLOUTIE
Un véhicule sous-marin télécommandé (ROV) a pris des images photo et vidéo des épaves. Ce dessin, réalisé d'après les clichés enregistrés, montre le ROV en action sur le pont tribord de la *Scourge*. De nombreux détails des images font écho au récit de Ned Myers, l'un des huit rescapés, dont le témoignage fut recueilli par le père du roman américain, James Fenimore Cooper, en 1843. La *Scourge* joue un rôle important dans la biographie du marin publiée par Cooper sous le titre *Ned Myers, ou une vie de matelot*.

TRAÎTRE EN FIGURE DE PROUE
Avant d'être pris par les Américains et transformée en navire de guerre, la *Scourge* s'appelait la *Lord Nelson* et était un bâtiment marchand canadien. Sa figure de proue, qui représente le célèbre amiral britannique Horatio Nelson, se trouvait ainsi au premier rang quand la *Scourge* attaquait les navires anglais ! La sculpture comporte deux bras. En réalité, Nelson en avait perdu un lors d'un combat quinze ans avant la construction de la goélette.

Nelson conduit la Scourge *à la bataille.*

Figure de proue de la goélette *Scourge*

CANON ÉCRASANT
La caronade, dite l'« écraseur » par les marins qui l'avaient en face d'eux au combat, était un canon court, capable d'infliger des dommages énormes dans le combat rapproché. Il y avait huit caronades à bord de la *Hamilton*. Chaque boulet pesait 8 kg et avait une taille équivalent aux trois quarts d'une boule de bowling. La caméra du ROV montre ici une caronade en position sur le pavois tribord de la *Scourge*.

LE « VASA » DANS LA VASE

Les marins savent que leur voyage peut se terminer à tout moment en cas de naufrage. Pour l'équipage du *Vasa*, l'heure de la fin sonna vite. Le 10 août 1628, ce magnifique vaisseau traversa le port de Stockholm pour sa sortie inaugurale. Toutes voiles hissées, 1 300 m plus loin, l'orgueil de la marine suédoise coula dans une rafale, en quelques minutes, par 33 m de fond. Trois siècles plus tard, scaphandriers et archéologues ont fait de cette catastrophe un triomphe. L'épave qu'ils ont renflouée en 1961 est l'exemplaire le plus complet et le mieux conservé jamais retrouvé d'un navire de guerre européen du XVIIe siècle.

TROP INSTABLE
Haut et étroit, le *Vasa* avait bien trop de poids au-dessus de la ligne de flottaison. Au port, à l'abri, il flottait droit sur l'eau, mais la première brise suffit à le faire chavirer avec les 71 t de son artillerie.

LE DERNIER REPAS
L'épave contenait une foule d'objets de la vie à bord, aussi bien la vaisselle de bois des matelots que les couverts d'étain des officiers.

CIMETIÈRE ENGLOUTI
On a découvert les squelettes et les ossements d'une vingtaine de personnes, hommes, femmes et enfants lors des plongées et de la fouille de l'épave. Un homme était coincé sous la masse d'un affût de canon. Des fragments de vêtements et des chaussures ont été retrouvés sur les corps. L'eau froide et peu salée de la Baltique a protégé tissus et cuirs de la pourriture. On a également retrouvé des vêtements bien conservés dans les coffres en bois de certains membres de l'équipage qui disposaient d'affaires de rechange.

CATASTROPHE LIMITÉE
L'équipage, comprenant en principe cent quarante-cinq hommes auxquels devaient se joindre trois cents soldats, était réduit ce jour-là à une centaine de personnes plus des femmes et des enfants. Il y eut au moins cinquante victimes lors du chavirage, et l'amiral n'en réchappa que de justesse. Le désastre aurait été bien plus grand encore si le *Vasa* avait coulé en pleine mer avec tout son équipage.

PLUS VRAI QUE LES IMAGES
La découverte du *Vasa* mit un point final aux discussions concernant certaines techniques des constructeurs navals du XVIIe siècle. La guibre, saillie pointue à l'avant du navire avec la figure de proue à son extrémité, était sujette à controverse. Des peintures d'époque représentaient les vaisseaux avec une guibre énorme, que des spécialistes voyaient comme une exagération d'artiste. Le *Vasa* prouva que ces images disaient vrai. Après sa reconstruction, l'épave montra une guibre gigantesque, décorée d'empereurs romains à la parade.

Figure de proue

ET LE « VASA » REVOIT LE JOUR
Le *Vasa* fut découvert en 1956 par l'ingénieur et historien suédois Anders Franzen (né en 1918). Un scaphandrier confirma la découverte et Franzen entama une campagne pour renflouer l'épave. Des scaphandriers militaires passèrent des câbles sous la quille, pour soulever le navire, en plusieurs étapes. Les sabords et autres ouvertures de la coque de chêne furent obturés un à un. La dernière étape, une fois en surface, consista à pomper l'eau à l'intérieur de la coque.

UN MONDE EN BOIS
Plus de sept cents sculptures et ornements de bois ont été retrouvés sur le *Vasa* et dans la vase alentour. Réalisés en chêne, en pin et en tilleul par des artistes venus de Hollande et d'Allemagne, ils représentent animaux et personnages tirés de la mythologie, de l'histoire ou de la Bible, mais aussi des sirènes, bien sûr, censées protéger les marins. Le poids de toutes ces décorations a certainement favorisé le chavirement du *Vasa*.

Traces de peinture brun-or sur la crinière

ARMOIRIES ROYALES
Constituées d'un assemblage de vingt-deux pièces de bois travaillé, les armes de la monarchie suédoise décoraient la poupe du *Vasa*. Comme de nombreux autres ornements de bois fixés au navire, le blason porte encore les traces de sa peinture brun doré d'origine.

DANS L'OMBRE DE LA BATTERIE
Avec ses barrots (poutres transversales du pont) de bois sombre, la batterie inférieure du *Vasa*, restaurée par les spécialistes suédois, contient les affûts de bois des canons. Seuls ces derniers sont absents : des plongeurs les ont récupérés entre 1663 et 1664 à l'aide d'une cloche de plongée.

UN GÉANT CONDAMNÉ
Le *Titanic* fut construit en 26 mois à Belfast, en Irlande du Nord, et lancé le 10 avril 1912. Pour rendre le navire le plus sûr possible, la coque était divisée en onze compartiments étanches. Même avec deux compartiments inondés, le *Titanic* pouvait encore flotter, mais l'iceberg qui le fit couler en ouvrit six.

LE « TITANIC » SOMBRE À SA PREMIÈRE TRAVERSÉE

Au printemps, les glaces flottantes rendent la traversée de l'Atlantique Nord dangereuse. La masse des icebergs offre à l'œil du navigateur un spectacle imposant, mais sous l'eau la glace est neuf fois plus volumineuse... Les passagers du voyage inaugural du *Titanic*, en avril 1912, n'avaient rien à craindre, le paquebot ayant la réputation d'être le plus sûr du monde. Il était certainement le plus grand et le plus luxueux. Malheureusement, il n'était pas aussi insubmersible qu'on le pensait. Au milieu de la nuit, le 15 avril, un iceberg déchira la coque d'acier du bâtiment en dessous de la ligne de flottaison. L'eau s'engouffra dans le navire qui coula en trois heures. Plus de 1 500 personnes périrent lors du plus fameux naufrage de l'histoire de la navigation, les canots de sauvetage étant en nombre insuffisant.

L'HÔTEL DES MERS
Bien que le *Titanic* fût l'un des paquebots les plus rapides de son époque, la traversée de l'Atlantique prenait plus de quatre jours. Les passagers y jouissaient d'un confort semblable à celui d'un bon hôtel.

AU FOND DE L'EAU GLACÉE
Le *Titanic* s'est cassé en deux et a coulé hors de portée des plongeurs de l'époque. L'épave fut retrouvée en 1985, lors d'une mission d'océanographes américains et français, à l'aide de l'Argo, un robot remorqué au ras du fond par un navire du Woods Hole Institute. Des maquettistes ont reconstitué l'aspect de l'épave grâce aux images vidéo enregistrées par le véhicule sous-marin.

L'OPÉRATEUR RADIO
Jack Phillips, l'officier radio du *Titanic*, était si occupé à télégraphier les messages des passagers qu'il omit de signaler au capitaine un avis reçu signalant la présence d'icebergs. C'est lui qui envoya, lors du naufrage, le SOS. La catastrophe du *Titanic* démontra l'intérêt de la radio pour les secours en mer, et tous les navires adoptèrent rapidement cet équipement.

PAS ASSEZ DE CANOTS DE SAUVETAGE
Sur les 3 511 personnes voyageant sur le *Titanic*, seul un tiers avait une place à bord des canots de sauvetage. A la suite du naufrage, les règlements internationaux obligèrent les armateurs à prévoir un nombre suffisant d'embarcations de sauvetage pour tous, équipages et passagers.

LE SUPER-SOUS-MARIN FRANÇAIS
En 1987, une équipe d'océanographes français revint seule sur les lieux du naufrage. A l'aide des bras mécaniques du sous-marin *Nautile*, des centaines d'objets furent prélevés sur l'épave. Ce geste provoqua les protestations des survivants et des familles des victimes du naufrage du *Titanic*.

Bitte d'amarrage pour les câbles, encore en place sur le pont

SUR LE PONT
Le froid de l'Atlantique n'a pas préservé le *Titanic* de la dégradation, comme certains l'avaient cru au départ. Des organismes marins ont rongé les ornements de bois, tandis que des festons de rouille pendent le long des tôles.

FENÊTRE D'ÉPAVE
Les océanographes du Woods Hole sont revenus en 1986 sur l'épave avec le sous-marin d'intervention profonde *Alvin*. Des photos ont été prises, dont une de cette fenêtre de cabine.

LA PROUE ENTERRÉE
La partie avant du navire a coulé si vite qu'elle s'est enfoncée de 18 m dans le sédiment marin. Le *Titanic* n'avait pas de figure de proue, mais, tout à l'avant, au niveau du pont, la silhouette des boursouflures formées par la décomposition des matériaux de l'épave en a créé une.

Le pont s'est effondré à l'endroit de la verrière.

La grille qui séparait la première de la troisième classe est toujours en place.

Grue de charge

Bossoir de l'ancre

LES MARÉES NOIRES

Les pétroliers sont les plus grands navires du monde. Certains, de la taille de vingt courts de tennis mis bout à bout, transportent un volume de pétrole équivalant à celui de 300 piscines, soit environ 650 millions de litres ou 300 000 tonnes. En cas d'échouage de ce type de bateau, le pétrole s'échappe et forme une nappe épaisse et poisseuse qui recouvre tout ce qu'elle touche, plages, rochers et animaux. Les côtes atteintes par une marée noire sont longues à nettoyer et la flore et la faune y sont largement détruites. Certes, le danger de marée noire est très important, mais sans ces géants de la mer, nos voitures s'arrêteraient et nous tremblerions de froid l'hiver dans nos maisons. Pour réduire le risque d'accident et de pollution, les pétroliers sont désormais construits avec une double coque.

TRISTE FIN
Quand ses moteurs tombèrent en panne, un jour de janvier 1993, le *Braer* se mit à dériver. En raison de l'état de la mer, les remorqueurs ne purent le secourir en le remorquant au large pour éviter qu'il ne touche une côte. Le géant s'échoua sur les rochers acérés de l'île Shetland, au large de l'Écosse.

MARÉE NOIRE SUR LA GLACE
En 1989, le pompage du pétrole de l'*Exxon Valdez*, échoué sur la côte de l'Alaska, permit de limiter les conséquences de l'accident. Le nettoyage ayant été difficile en raison du froid et de l'éloignement, un sixième de la cargaison (42 millions de litres) s'échappa. Ce chiffre énorme ne correspond pourtant qu'à la consommation de l'industrie et des raffineries nord-américaines pendant 22 secondes.

CERNER LA NAPPE
Le pétrole ne faisant que flotter, on limite son extension à la surface de l'eau en le cernant avec une barrière antipollution, sorte de long ruban flottant. Ici, des Gallois en installent une autour de la nappe échappée du *Sea Empress*, échoué à la côte en 1996.

ENFER PÉTROLIER
Quand un pétrolier s'échoue et ne peut être remis à flot, des experts essaient d'abord de pomper le pétrole de ses réservoirs. Si cela se révèle impossible, ils envisagent de mettre le feu au bateau pour brûler son contenu, mais, parfois, le feu se déclenche spontanément, malgré les dispositifs anti-incendie. Les pétroliers sont des cibles faciles en temps de guerre, et leur destruction prive l'adversaire d'un approvisionnement vital.

FAIRE LE MÉNAGE
Le nettoyage d'une plage avec des jets d'eau sous pression permet de rejeter le pétrole brut à la mer, où son pompage est plus facile. Le sable redevient propre, mais des experts pensent qu'en réalité cette technique enfonce le pétrole plus profondément dans la plage.

OISEAUX EMPOISONNÉS
Le pétrole répandu sur la mer souille rapidement les oiseaux marins. Couvertes de pétrole, les plumes cessent de jouer leur rôle isolant quand les oiseaux sont dans l'eau. Ils se nettoient avec leur bec mais le pétrole qu'ils avalent les empoisonne.

ALLONS, AU BAIN !
On capture les oiseaux souillés pour les aider à débarrasser leurs plumes du pétrole. Une fois le nettoyage effectué, on les relâche. Certains spécialistes contestent pourtant l'efficacité de cette opération. Selon des recherches récentes, de nombreux oiseaux meurent quelques semaines après leur remise en liberté.

LA NATURE SE NETTOIE
Après une marée noire, le milieu océanique se lave de lui-même, par étapes. Près d'un tiers du pétrole s'évapore en deux jours. A la longue, les vagues et les rayons solaires réduisent les restes en gouttelettes que les micro-organismes détruiront. Une fois nettoyés dans des centres spécialisés, mammifères et oiseaux peuvent retourner à leur milieu naturel dans les mois qui suivent la pollution.

TOILETTE HERCULÉENNE
Nettoyer une côte polluée par une marée noire est une tâche titanesque. Quand, en 1989, l'*Exxon Valdez* s'échoua sur le récif Bligh en Alaska, sa cargaison salit 2 000 km de côte. Onze mille personnes participèrent aux opérations de nettoyage, qui consistèrent, entre autres choses, à ramasser tous les galets, un à un, pour les laver à l'eau chaude…

LA NAVIGATION

Les premiers marins naviguaient le long des côtes (cabotage). Cela prenait du temps, et les écueils étaient nombreux. Quand les hommes s'aventurèrent au large, il y a quelque 4 500 ans, ils se guidèrent grâce aux étoiles, ou à la direction du vent – la boussole ne fut inventée qu'au XIIe siècle. On calculait la distance parcourue d'après la vitesse estimée du bateau et le temps écoulé. L'expérience accumulée lors des voyages permit peu à peu de dessiner des cartes. Mais tout cela se révélait insuffisant pour les longues traversées. Les navigateurs apprirent alors à déterminer la latitude (position sur l'axe nord-sud) par rapport au soleil. Quant à la longitude (position sur l'axe est-ouest), il fallut attendre 1761 pour la déterminer avec précision.

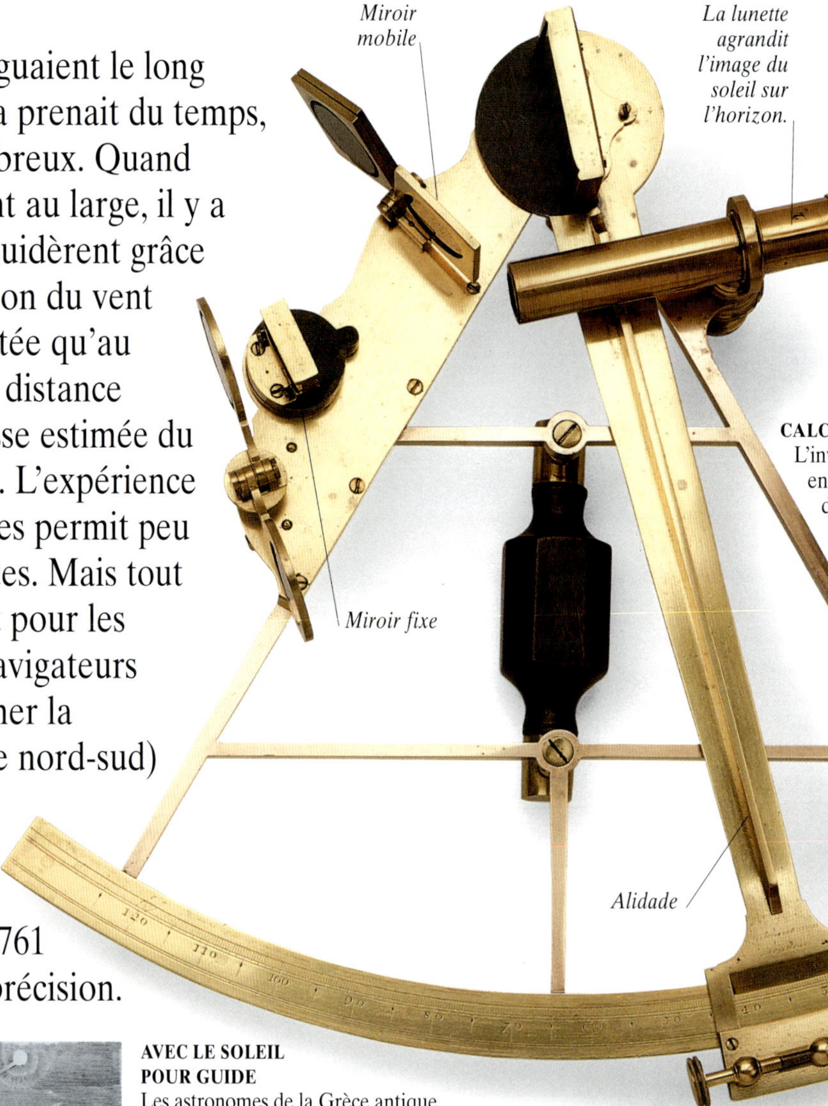

Capitaine utilisant un sextant

CALCULATEUR DE LATITUDE
L'invention de l'octant par Hadley, en 1730, est à l'origine de celle du sextant qui permet aux marins de déterminer avec précision la position des astres à bord d'un navire en mouvement. La mesure de la hauteur du soleil au-dessus de l'horizon permet de calculer facilement, à l'aide de tables, la latitude du navire.

AVEC LE SOLEIL POUR GUIDE
Les astronomes de la Grèce antique savaient déjà que les cadrans solaires provoquaient des ombres d'autant plus longues qu'ils se trouvaient plus loin de l'équateur. A la fin du Moyen Age, les navigateurs commencèrent à utiliser des instruments tels que l'astrolabe pour mesurer la hauteur du soleil au-dessus de l'horizon.

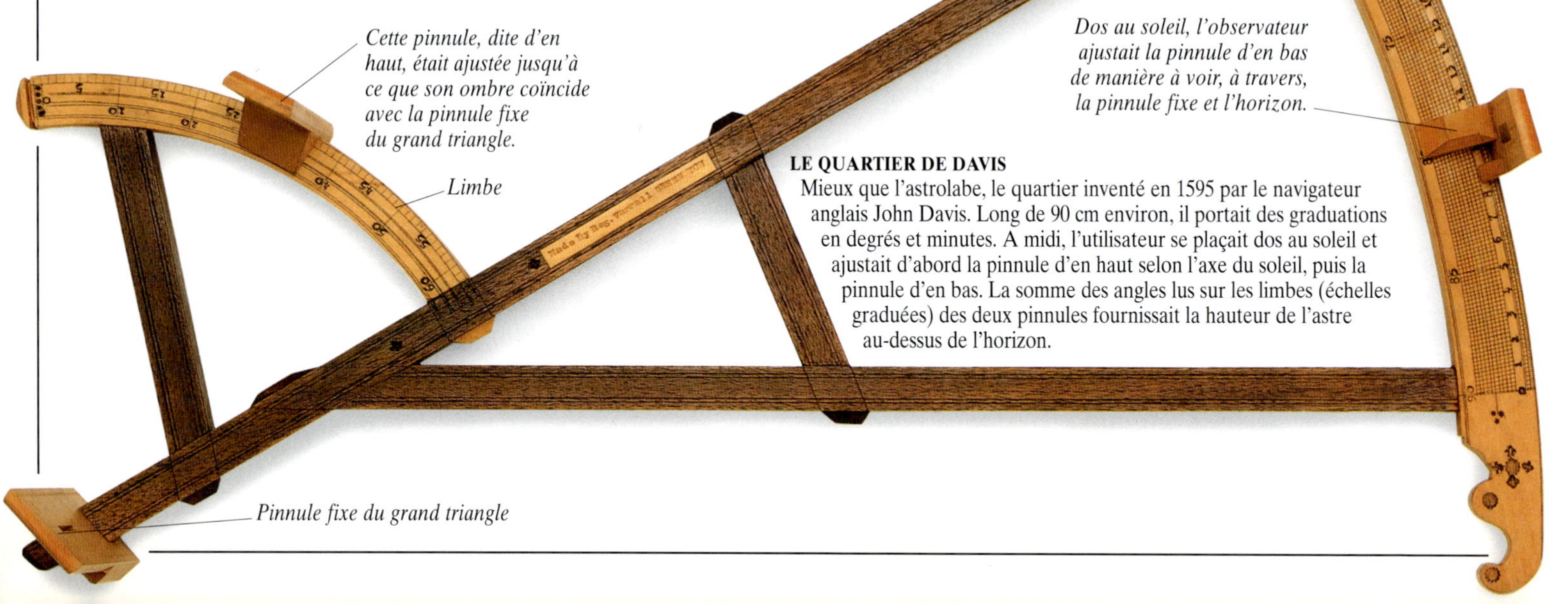

LE QUARTIER DE DAVIS
Mieux que l'astrolabe, le quartier inventé en 1595 par le navigateur anglais John Davis. Long de 90 cm environ, il portait des graduations en degrés et minutes. A midi, l'utilisateur se plaçait dos au soleil et ajustait d'abord la pinnule d'en haut selon l'axe du soleil, puis la pinnule d'en bas. La somme des angles lus sur les limbes (échelles graduées) des deux pinnules fournissait la hauteur de l'astre au-dessus de l'horizon.

ASTROLABE
L'astrolabe de marine était un simple cercle de métal muni d'une règle de visée (alidade). Une fois les trous des deux pinnules de l'alidade alignés avec le soleil, la hauteur de l'astre était lue sur l'échelle gravée sur le pourtour de l'instrument.

BALISE DE RADIOGUIDAGE
L'invention de la radio à la fin du XIXe siècle permit aux marins de recevoir des avis de mauvais temps ou de présence d'icebergs. Dans les années 1950, des chaînes de balises radio commencèrent à émettre des signaux destinés aux bateaux. A partir des signaux reçus de deux balises, les navigateurs pouvaient calculer leur position précise.

LE CHRONOMÈTRE DE HARRISON
Le calcul de la longitude (position sur l'axe est-ouest) en mer exige la connaissance très précise de l'heure : quelques secondes de décalage conduisent à une erreur de plusieurs kilomètres. En 1759, l'horloger anglais John Harrison fabriqua un chronomètre suffisamment précis pour la navigation au long cours.

AIMANT MAGIQUE
L'aiguille aimantée en équilibre au centre d'une boussole est toujours pointée vers le nord magnétique. Après l'avoir utilisée, pendant un millénaire, pour un usage rituel ou magique, les Chinois l'employèrent à la navigation vers la fin du XIe siècle.

SE GUIDER AU RADAR
Le radar aide à naviguer de nuit ou par brouillard. L'antenne rotative émet une suite continue de signaux et mesure les échos renvoyés par d'éventuels obstacles. Sur l'écran radar, tout objet alentour apparaît sous la forme d'un point lumineux.

SUR LE PONT
La timonerie d'un bateau moderne se compose d'un sondeur à ultrasons, d'un écran radar et d'autres aides à la navigation. Un positionneur par satellite connecté à un afficheur de cartes marines digitales indique au barreur sa position précise.

LES PHARES, GUIDES DU MARIN PRÈS DES CÔTES

Le puissant éclat lumineux d'un phare ou d'un bateau-feu signale aux marins des parages dangereux ou l'entrée d'un port. En cas de brouillard, la corne de brume prend le relais. Les fanaux des premiers temps étaient des feux de bois placés soit, comme il y a trois mille ans, sur des collines, soit, comme vers l'an 400, au sommet de tours (il en existait une trentaine, de la mer Noire à l'Atlantique, pour guider les navires romains). Ce ne fut qu'au XVIIIe siècle que les techniques de construction ont permis de bâtir à même le rocher des phares équipés de lanternes à huile (vers 1820, on en comptait environ 250 dans le monde). Aujourd'hui, les phares ont perdu de leur importance, depuis que les aides électroniques à la navigation (radar, sondeur à ultrasons, positionneur par satellite) permettent aux bateaux d'évoluer sans visibilité.

LE PREMIER BATEAU-FEU
Un navire équipé d'un fanal fait office de phare là où il serait impossible d'en bâtir un. Le premier bateau de ce genre fut ancré dans l'estuaire de la Tamise, en Angleterre, en 1731, pour signaler les dangers du Nore, un banc de sable.

Double lanterne à deux bougies

LE PREMIER PHARE
Le premier phare digne de ce nom signalait l'entrée du port d'Alexandrie, en Egypte. Appelé Pharos, du nom de l'île sur laquelle il se dressait, le phare mesurait 117 m. Une rampe en spirale conduisait à son sommet. Construit vers 280 av. J.-C., il fut détruit progressivement par des séismes successifs mais resta en place mille cinq cents ans.

L'HÉROÏNE DU PHARE
Le gardien de phare est parfois le premier témoin d'un naufrage. En 1838, le *Forfarshire* s'échoua sur la côte nord-est de l'Angleterre. Le gardien et sa fille de 23 ans, Grace Darling, risquèrent leur vie pour sauver les survivants. Le courage de la jeune femme fit d'elle l'héroïne du jour.

BATEAU SPÉCIAL
Jusque vers 1820, tous les bateaux-feux étaient des bâtiments de pêche ou de commerce modifiés. Ensuite, des navires comme celui-ci (des années 1930) ont été construits pour porter un phare. La mise en œuvre de ces bateaux étant dangereuse et coûteuse, on les a remplacés par des bouées. Ceux qui restent sont désormais automatiques, sans équipage à bord.

Phare

Embarcations de sauvetage

Les bateaux-feux de plus de 30 m de long doivent arborer une « boule noire » durant le jour. Si le navire s'est déplacé à la suite d'une tempête, la « boule » doit être amenée (abaissée).

VIE SOLITAIRE
Jadis, chaque phare avait un gardien. Celui-ci allumait le fanal au crépuscule, l'éteignait à l'aube, nettoyait les miroirs et faisait fonctionner la corne de brume les jours de brouillard. C'était un travail solitaire et routinier. Aujourd'hui, les phares sont pour la plupart automatiques.

Fondations enfoncées jusqu'à 45 m dans le fond de la mer

FEU SUR PILOTIS
Quand on ne peut construire un phare en maçonnerie, on installe le fanal au sommet d'un pylône d'acier monté sur pilotis, comme une plate-forme pétrolière.

LA FÉE ÉLECTRICITÉ
Cette ampoule de phare géante émet un signal lumineux équivalant à celui de cinquante ampoules domestiques. Un réflecteur derrière la lampe focalise le faisceau lumineux.

Ampoule électrique de 3 000 W

PAR HÉLICOPTÈRE
Ravitailler un phare en mer est parfois difficile, voire dangereux. Une plate-forme au sommet permet à un hélicoptère d'atterrir, même par mauvais temps, il faut alors un pilote très habile.

Eclat lumineux visible à 25 km

Pylône

BIEN VISIBLE
De grosses bouées automatiques remplacent les bateaux-feux. Celle-ci, de 12 m de diamètre, est équipée d'une corne de brume et d'une balise radar. Elle peut être mouillée sur des fonds de 90 m.

LANTERNE LUMINEUSE
Un groupe de lentilles actionné par un moteur entoure l'ampoule et tourne sur lui-même en produisant un faisceau lumineux rotatif. Le Français Augustin Fresnel (1788-1827) équipa les phares de lentilles à échelons (à facettes) pour diriger la lumière de la lampe en faisceaux parallèles.

Girouette

Maquette du troisième phare d'Eddystone, bâti en 1759

JAMAIS DEUX SANS TROIS
Le phare le plus célèbre d'Angleterre signale les rochers d'Eddystone près de Plymouth, en Cornouailles. Un premier phare fut détruit par les tempêtes ; un deuxième, par un incendie. Le troisième, en granit, devint le prototype du phare moderne, bâti sur roche.

LES COMMUNICATIONS, GAGES DE SÉCURITÉ

Au moyen de fanions, de lumières, de sons ou par radio, un équipage en difficulté peut appeler à l'aide ou prévenir les autres navires d'un danger. Les communications en cas d'urgence sont si importantes que les marins de tous les pays se sont mis d'accord sur un code de signaux, et que les opérateurs radio placent leur appareil sur une fréquence réservée à ce type de messages. En alphabet morse, c'est le célèbre « SOS », un ensemble de trois lettres facile à transmettre et rarement employé dans les messages courants. Simple, adopté en 1906 lors d'une conférence internationale, il se révéla fort utile. Bien que les balises de détresse modernes émettent un signal automatique, les marins apprennent encore le code des signaux de perdition, car leur vie peut en dépendre.

SÉMAPHORE
Quand deux navires étaient assez proches, les équipages communiquaient à l'aide de pavillons (petits drapeaux) tenus à bout de bras. Le sémaphore britannique forme les lettres de l'alphabet à l'aide de deux pavillons, tandis que l'américain n'en utilise qu'un seul.

DÉCHIFFRER LES SIGNAUX
La longue-vue permettait de mieux reconnaître à distance les signaux affichés par un autre navire.

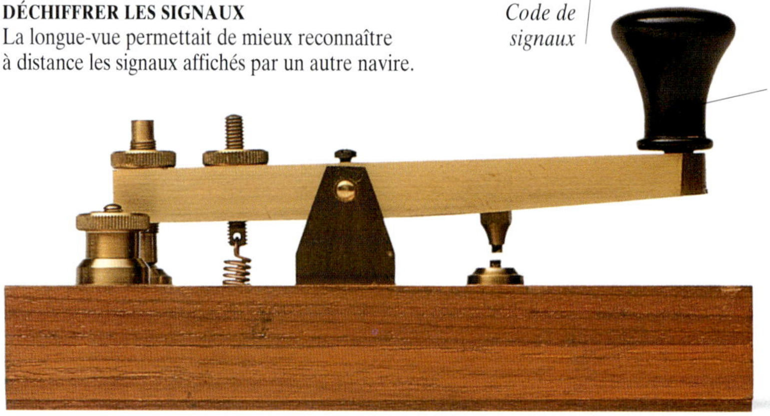

POINT, TRAIT
Un manipulateur comme celui-ci permet à l'opérateur radio d'émettre des impulsions, brèves ou longues, selon un alphabet codé, expérimenté par Samuel Morse en 1838. Bien avant la radio, inventée cinquante ans plus tard, cet alphabet permit (et permet encore) aux marins de communiquer à l'aide de signaux lumineux, longs ou brefs.

LA BOÎTE QUI MEUGLE
Dans le brouillard, les navires à vapeur évitaient les collisions en actionnant leurs cornes de brume ou des sifflets. Sur les bateaux à voiles, une corne de brume manuelle émettait un son puissant que l'on entendait jusqu'à 1,6 km. Une manivelle gonfait les soufflets qui se vidaient d'un coup dans la corne.

Je demande assistance

Je demande un pilote

Vous courez sur un danger

Je viens sur tribord

J'ai le pilote à bord

Je demande assistance médicale

LE LANGAGE DES DRAPEAUX
La communication par pavillons est ancienne, mais l'introduction, au XIXe siècle, d'un code standard permit d'en faire meilleur usage. Le livre de code, publié dans le monde entier, donna la signification de milliers de combinaisons de pavillons. Les messages urgents demandaient peu de pavillons.

SÉMAPHORE MÉCANIQUE
Le Français Claude Chappe (1763-1805) mit au point le télégraphe aérien en 1793. En bougeant les bras de l'appareil installé au sommet d'un mât, on signifiait les lettres de l'alphabet. Des variantes de ce télégraphe transmettaient jusqu'à trois lettres par minute.

LAMPE ALDIS
L'ampoule électrique permit d'inventer des systèmes de signalisation puissants comme celui d'Arthur Aldis qui envoyait des signaux lumineux rapidement.

À COUPS DE CLOCHE
Dans le brouillard, un navire signalait sa position en faisant sonner sa cloche. Mais cette signalisation est peu efficace, du fait de la faiblesse du son de la cloche et du bruit des éléments. On l'utilisait aussi pour régler la vie du bord et « piquer » les quarts (signaler le moment où un groupe de marins venait en remplacer un autre).

GROS CALIBRE
Une fusée de détresse est visible même si le bateau qui l'envoie se trouve caché au creux d'une vague. Edward Very (1847-1910), un officier de la marine de guerre nord-américaine, mit au point un pistolet pour lancer ces fusées haut dans le ciel.

SIGNAUX LUMINEUX
Par nuit claire, on peut communiquer à distance par signaux lumineux. En 1867, l'amiral anglais Philip Colomb suggéra d'utiliser un code de signaux courts et longs, bientôt remplacé par l'alphabet morse.

COMMUNICATION SANS FIL
La radio, inventée en 1895, est un puissant instrument de communication. En mer, le rôle de la télégraphie sans fil (TSF) devint essentiel, permettant aux navires de communiquer entre eux.

Un officier communique avec d'autres navires par radio en morse.

« LE RADEAU DE LA “MÉDUSE” »
Quand la frégate de guerre française la *Méduse* s'échoua sur le banc d'Arguin, au large de la Mauritanie, en juillet 1816, l'équipage construisit un radeau pour évacuer une partie des passagers. Abandonnés en mer, les gens du radeau s'entre-tuèrent et les survivants mangèrent la chair des morts. L'affaire fit scandale en France et le peintre Théodore Géricault (1791-1824) immortalisa l'odyssée des rescapés dans un immense tableau aujourd'hui conservé au Louvre.

LES RESCAPÉS NE SONT PAS FORCÉMENT SAUVÉS

Les survivants d'un naufrage n'ont guère le temps de goûter leur chance, car les difficultés ne font que commencer. Le premier réflexe est d'éviter la noyade, mais le froid de l'eau peut aussi tuer en quelques minutes. Grimper dans un canot ou un radeau de sauvetage peut alors assurer la vie sauve. Reste la soif. Il faut se garder de boire l'eau de mer car elle a un effet déshydratant à cause du sel qu'elle contient. Mieux vaut attendre la première pluie. Si la soif torture les survivants, elle n'entraîne leur mort qu'au bout de deux semaines, à condition qu'ils ne transpirent pas. Ne pas manger a, curieusement, peu d'importance. En revanche, il est vital de se protéger du soleil, qui déshydrate le corps et brûle la peau. Tout cela peut rendre fous les rescapés. Certains, qui ont surmonté toutes ces souffrances, ont été sauvés après plus de quatre mois passés en mer dans ces conditions effroyables…

Les survivants du Karluk *se firent des vêtements avec des peaux de bêtes.*

BANC DE SAUVETAGE
Dans la confusion et la panique d'un naufrage, la mise à l'eau des canots de sauvetage exige la présence d'un équipage expérimenté. Par contre, les bancs-radeaux installés sur le pont se mettent à flotter dès que le navire coule, ou peuvent être lancés à la mer sans manœuvre particulière. Les plus simples ressemblent à de grands flotteurs, mais celui qui est montré ici offre une meilleure protection à ses passagers.

COULÉ PAR UNE BALEINE
L'*Essex*, un navire baleinier américain, fut coulé par un cétacé dans le Pacifique, en 1820. Quelques rescapés survécurent trois mois aux tempêtes, aux requins et à la faim, consommant la chair des morts et tuant le mousse Owen Coffin pour le manger. *Moby Dick*, roman d'Herman Melville, s'inspire de cet épisode.

RADEAU DE GUERRE
Pendant la Seconde Guerre mondiale, le torpillage de leurs navires forçait les équipages à les abandonner en hâte. Un mécanisme de largage rapide libérait ce radeau de bois du haut d'une rampe de lancemenr.

SURVIVRE DANS LA GLACE
Quand, en 1913, les glaces bloquèrent son navire, le *Karluk*, l'explorateur canadien Vilhjalmur Stefansson partit avec les meilleurs chiens et des marins. Ceux qui restèrent à bord, les scientifiques de l'expédition, survécurent près d'un an sur le navire immobilisé. Le capitaine du *Karluk* parcourut plus de 1 000 km à pied pour chercher des secours, mais de nombreux membres de l'équipage moururent de froid, de maladie ou se suicidèrent avant d'être retrouvés. Stefansson, que l'on avait cru disparu, reparut en 1918, après cinq ans passés dans l'Arctique.

Canot démonté

Canot sur son bossoir pour une mise à l'eau rapide

DES PLACES POUR TOUT LE MONDE
Un navire doit transporter un nombre de canots de sauvetage suffisant pour embarquer tous les passagers. Les embarcations sont suspendues à des bossoirs (dispositifs de levage) sur le pont supérieur. En cas de nécessité, les passagers prennent place à bord, et un membre de l'équipage fait descendre le canot à la mer. Le système de mise à l'eau fonctionne même si le navire n'a plus d'électricité ou s'il gîte (est incliné) fortement.

Canot de sauvetage replié quand il est rangé à bord

Canot de sauvetage monté et prêt à être mis à l'eau

HÉROS DE L'ATLANTIQUE SUD
En janvier 1997, le Britannique Tony Bullimore, lors de la course autour du monde en solitaire sans escale, survécut quatre jours dans les eaux glacées après le chavirage de son voilier. Habillé d'un vêtement étanche et isotherme, il se recroquevilla dans une poche d'air de la coque de son bateau.

CANOT DE SAUVETAGE ASTUCIEUX
Le naufrage du *Titanic* montra que peu de navires étaient équipés d'un nombre suffisant d'embarcations de sauvetage. Un canot démontable, constitué de toile étanche tendue sur une armature de bois, permet d'économiser de la place à bord.

Ligne de pêche et hameçons

Ecope

Bouée avec sa ligne

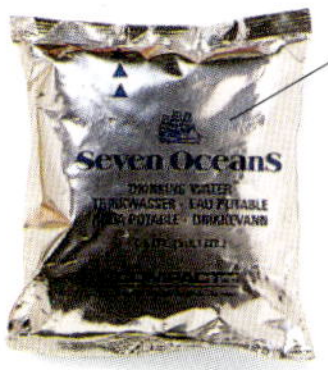

Emballage contenant deux verres d'eau (ration pour un jour)

Eau potable

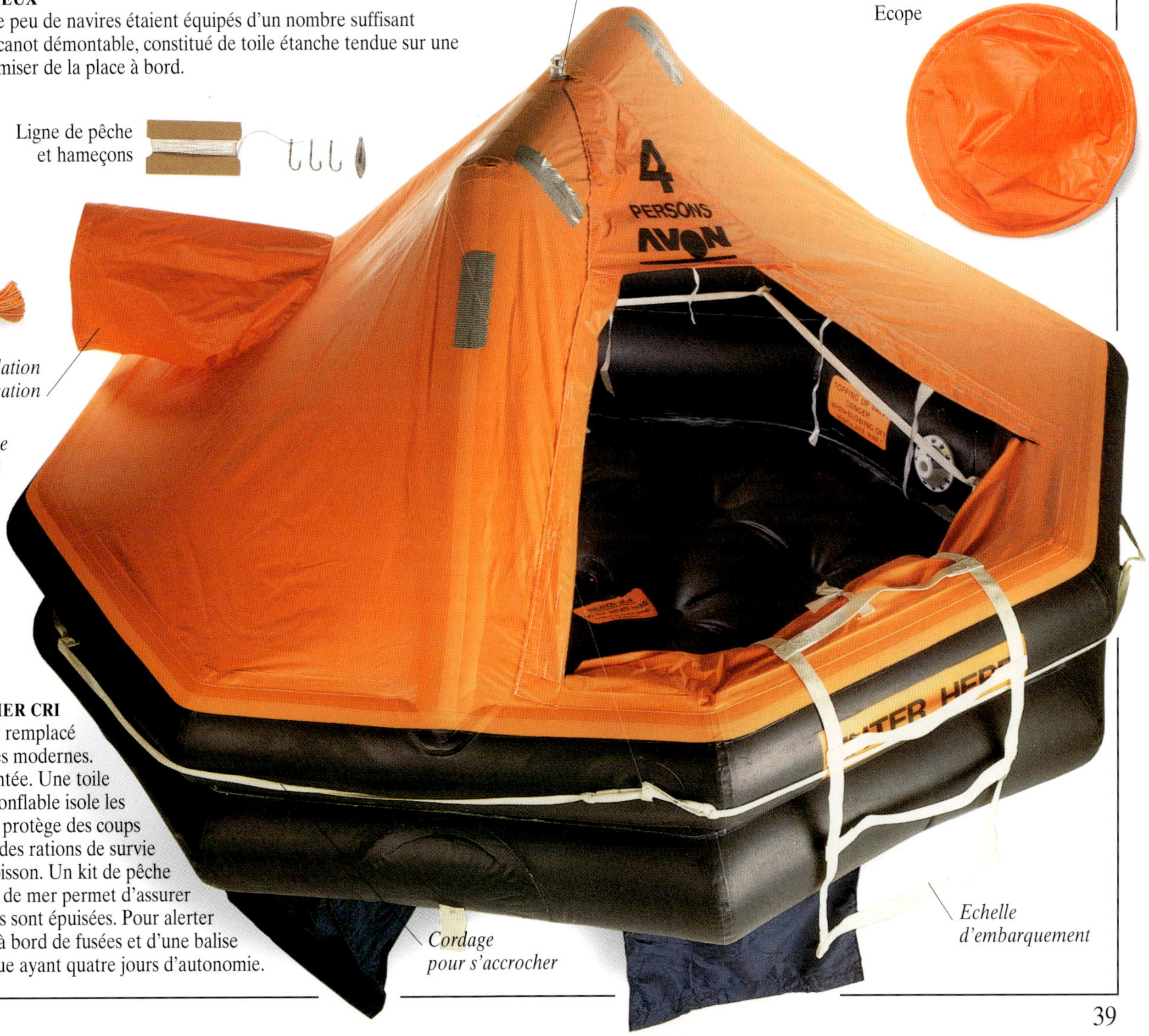

Une lampe électrique attire l'attention des sauveteurs.

Tube de ventilation et d'observation

Cordage pour s'accrocher

Echelle d'embarquement

PNEUMATIQUE DERNIER CRI
Les radeaux gonflables ont remplacé les canots sur les navires modernes. Ils flottent, même par mer démontée. Une toile tendue par un boudin gonflable isole les passagers du froid et les protège des coups de soleil. A l'intérieur, des rations de survie fournissent la nourriture et la boisson. Un kit de pêche et de dessalement de l'eau de mer permet d'assurer la survie quand les rations sont épuisées. Pour alerter les sauveteurs, on dispose à bord de fusées et d'une balise radio automatique ayant quatre jours d'autonomie.

UN PIONNIER
Le premier service national de sauvetage fut créé par William Hillary (1771-1847), membre d'une équipe de sauvetage de l'île de Man (Angleterre). En 1854, il fut baptisé « Institution royale nationale du bateau de sauvetage » (RNLI). En France, la Société centrale de sauvetage a été créée en 1865.

LE SAUVETAGE PAR AIR ET PAR MER

Quand l'équipage d'un bateau de sauvetage reçoit un appel au secours, il ne perd pas un instant. Chacun enfile vite un vêtement imperméable et se hâte vers l'embarcation, car le moindre retard peut représenter des vies perdues. Ces bateaux, très différents des canots de survie installés à bord des navires, sont rapides et insubmersibles ; ils sont construits pour la recherche et le sauvetage des marins perdus en mer. Il en existe de nombreuses sortes, depuis les canots pneumatiques pour les interventions proches des côtes jusqu'aux modèles de haute mer capables de répondre à des demandes de secours à plus de 80 km de distance. Quand l'appel vient de plus loin, ces bateaux, trop lents, laissent la place aux hélicoptères.

Le canot, sur un chariot, attend d'être tiré par des chevaux.

TRACTÉ SUR TERRE
Sur les côtes plates, à marée basse, le bateau de sauvetage est tiré sur une longue distance, aujourd'hui par un tracteur, jadis par des chevaux, avant d'être mis à l'eau.

Coque de bois renforcée par du métal. La stabilité est due au bouchain (arrondi de la carène) très marqué dans la partie centrale de la coque.

Flotteurs de liège

PREMIERS PROGRÈS
Longue est la tradition de sauvetage à l'aide d'embarcations ordinaires. A la fin du XVIIIe siècle, plusieurs inventeurs français ou anglais proposèrent d'ajouter une quille de fer et des flotteurs pour rendre ces canots plus aptes aux opérations de sauvetage. Ce bateau de Greathead, de 1790, fut l'un des premiers modèles insubmersibles.

Remorque pour mise à l'eau du canot

SÉCURITÉ EN MER
Les premiers bateaux de sauvetage ne coulaient pas par mer forte, mais, en cas de chavirage, il était difficile de les redresser. Des coques autoredressantes, comme celle de ce canot de 8,50 m, apparurent vers 1850 ; néanmoins, on leur préférait les embarcations traditionnelles, plus faciles à manœuvrer.

Dans les villages côtiers sans équipement mécanique, le bateau de sauvetage devait souvent être mis à l'eau et halé à la main.

HO ! HISSE !
Tout le monde, dans un village côtier, a un ami, un père ou un frère en mer et ce sont souvent des marins du lieu qui sont ramenés lors des sauvetages. Aussi tout le village est-il présent quand on a besoin de bras pour la manœuvre.

SAUVETAGE AIR-MER
Les hélicoptères, même s'ils vont plus vite et plus loin que les bateaux de sauvetage, collaborent souvent avec ceux-ci pour évacuer les rescapés dans les meilleures conditions de rapidité, de sécurité et de confort.

PNEUMATIQUE D'INTERVENTION CÔTIÈRE
Pour des interventions proches de la côte, les gros bateaux de sauvetage laissent la place aux canots pneumatiques, tel celui-ci qui peut acheminer trois sauveteurs à 54 km/h vers des naufragés ou de petites embarcations en difficulté.

ALERTE SUR LA MER NOIRE
Les appels au secours maintiennent les sauveteurs des côtes turques constamment en alerte. C'est à cause de ses tempêtes soudaines que les Turcs ont appelé mer Noire la mer au nord de leur pays. Vingt mille navires empruntent chaque année le détroit du Bosphore, qui relie cette mer à la Méditerranée.

SERVICE ALLEMAND
Le service allemand de sauvetage a été créé en 1865, avec des équipages de volontaires. La surveillance des côtes est assurée par vingt-sept bateaux et autant d'embarcations plus petites.

Bateau de sauvetage de Greathead (1790)

DANS UNE GERBE D'ÉCUME
Spectaculaire est la mise à l'eau effectuée sur une rampe. Les bateaux lancés ainsi doivent être assez légers pour être halés au retour sur la rampe ; leur hélice est protégée par un carénage contre les chocs du lancement.

PUISSANT ET FIABLE
Les bâtiments de la classe Arun sont de grands bateaux modernes de sauvetage. Stationnés au mouillage dans un port, ils effectuent des missions quel que soit l'état de la mer. Menés par six ou sept hommes d'équipage et propulsés par deux puissants moteurs, ils voguent à 33 km/h maximum vers le lieu d'un accident.

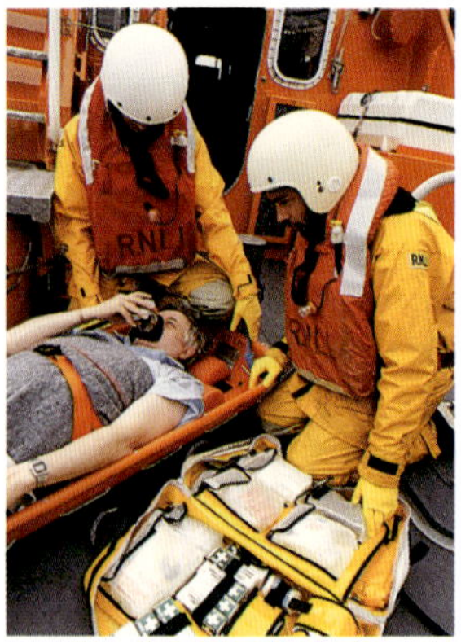

À L'ENTRAÎNEMENT
Rien ne remplace l'expérience en conditions réelles, mais les équipes de sauveteurs doivent être entraînées pour donner les premiers soins aux blessés. Ils reçoivent aussi une formation en matière de radar et de radio.

L'ÉQUIPEMENT D'UN BATEAU DE SAUVETAGE

Les ordinateurs et équipements radio de la timonerie d'un bateau de sauvetage moderne lui permettent de se rendre plus vite là où un navire est en détresse. Les systèmes de navigation automatique, grâce aux radiobalises installées sur la côte et à bord de satellites, rendent la navigation très précise. Une carte digitale signale sur l'écran le profil de la côte, les bouées et les dangers. Un sondeur à ultrasons indique la profondeur. Les radios permettent de rester en contact avec les autres équipes d'aide en mer et avec le bateau en difficulté. En revanche, pour le sauvetage lui-même, le matériel a peu changé en cinquante ans.
A l'équipement présenté sur ces pages manque un détail important : le courage des volontaires, sans lequel aucune opération de sauvetage ne peut réussir.

GAFFE
Le crochet de la gaffe permet aux sauveteurs de se maintenir à couple d'un bateau en difficulté ou de hisser un naufragé hors de l'eau.

La corde est propulsée de ce côté.

Gâchette de lancement de la corde

LANCEUR DE CORDE
Une gâchette déclenche une fusée qui déroule une corde sur 230 m.

Cordage

Poulie et palan

CORDAGE ET POULIE
Un cordage passé sur une poulie ou monté sur un palan facilite le levage d'une bouée de sauvetage hors de l'eau.

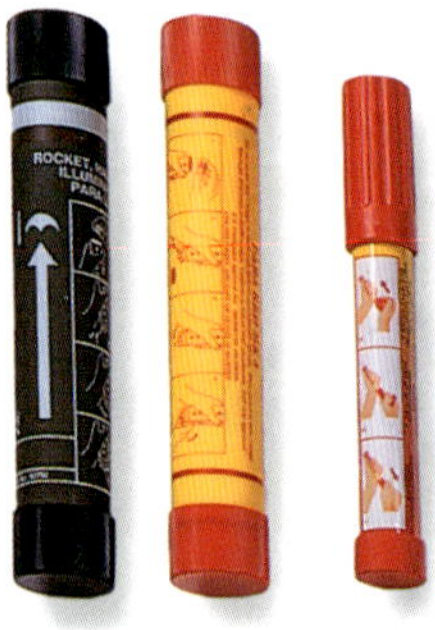

FUSÉES ÉCLAIRANTES MANUELLES
L'éclat produit par une flamme rouge brillante ou un panache de fumée orangée attire l'attention des sauveteurs.

ANCRE ET CHAÎNE
En eau peu profonde, l'ancre empêche le bateau de sauvetage de dériver et maintient la proue face aux vagues.

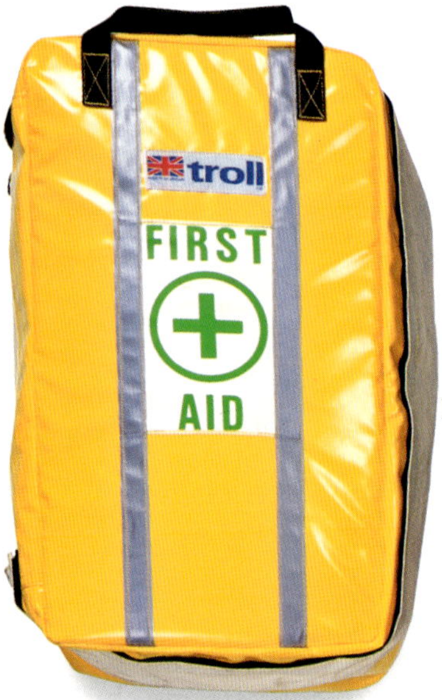

TROUSSE DE SECOURS
Les rescapés d'un naufrage souffrent souvent d'hypothermie (refroidissement du corps). Les sauveteurs se servent de la trousse de premiers secours pour parer à des lésions telles que des brûlures ou des fractures, jusqu'à ce que le blessé soit acheminé auprès d'un médecin.

Manchon

Lance à incendie

Extincteur portable

L'AUTRE ENNEMI : LE FEU
Lorsqu'ils s'approchent d'un navire en feu, les sauveteurs protègent leur bateau en l'arrosant avec la lance à incendie. Un extincteur portable permet de lutter contre les petits feux à bord.

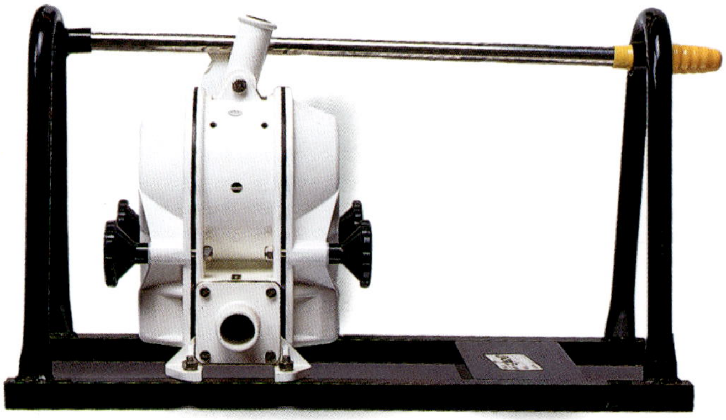

POMPE DE CALE
Par sa taille, cette pompe manuelle, installée à bord d'un yacht, permet d'évacuer l'eau accumulée dans la cale (la partie la plus basse de l'intérieur de la coque) et au bateau de mieux flotter.

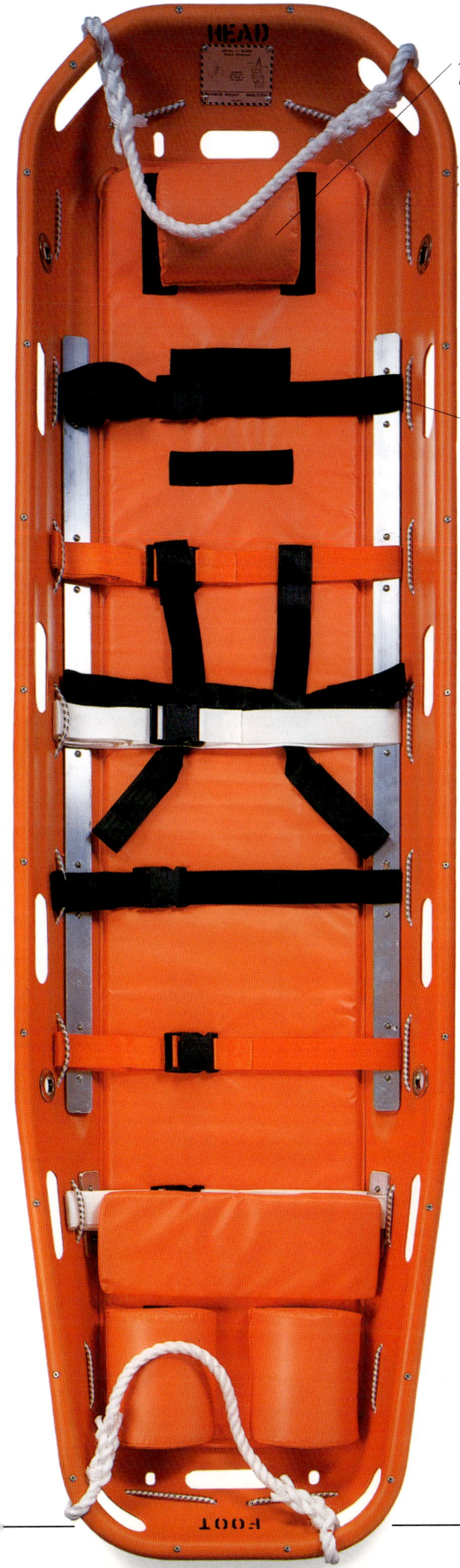

PANIER-BRANCARD
Ce brancard permet d'évacuer un blessé par hélicoptère ou par bateau. Les sangles empêchent les mouvements qui aggravent les blessures.

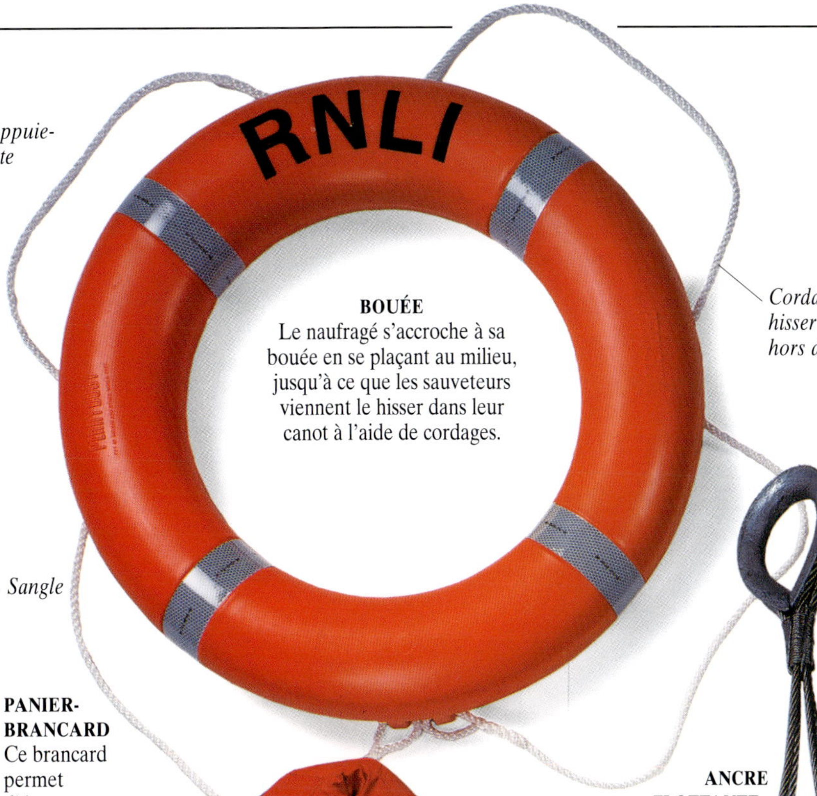

BOUÉE
Le naufragé s'accroche à sa bouée en se plaçant au milieu, jusqu'à ce que les sauveteurs viennent le hisser dans leur canot à l'aide de cordages.

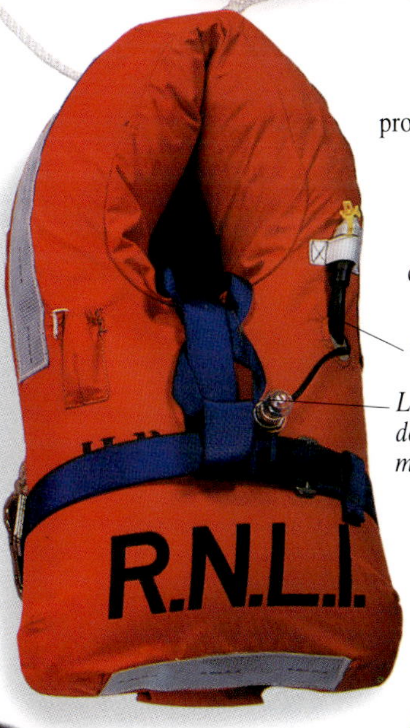

GILET
Un gilet de sauvetage à gonflage automatique empêche de couler. Les sauveteurs utilisent les grosses sangles pour tirer facilement la personne hors de l'eau.

ANCRE FLOTTANTE
Jetée à l'eau, cette ancre provoque une forte résistance qui réduit la dérive du bateau sur une mer agitée ; elle limite aussi la violence des vagues déferlant sur la poupe.

HISSEZ !
Les sangles du brancard sont ajustées pour le maintenir à l'horizontale au bout du câble du treuil de l'hélicoptère. Le sauveteur dirige la manœuvre de remontée et communique par radio et par signes avec le pilote.

PLONGÉES DES PREMIERS TEMPS

Les cargaisons englouties ont de tout temps attiré les plongeurs. Ceux-ci, dans la Grèce ancienne, recevaient un tiers des marchandises sauvées par moins de quinze mètres de fond, et la moitié jusqu'à vingt-sept mètres. Mais rares sont ceux qui savent retenir leur respiration plus de deux minutes d'affilée. C'est pourquoi, très tôt, ont été conçus divers systèmes pour emprisonner de l'air sous l'eau, dans une cloche ou un tonneau. En 1679, le savant italien Giovanni Borelli (1608-1679) suggéra de prolonger la durée d'immersion en insufflant de l'air dans la cloche de plongée à l'aide d'une pompe. Cette technique a été peu à peu perfectionnée par la suite.

Des bandes de métal ceinturent les douves (planches) du tonneau.

Couvercle de bois

Manchons de cuir étanche pour le passage des bras

TONNEAU PLONGEUR
L'Anglais John Lethbridge construisit en 1715 un des premiers engins opérationnels de plongée. Il descendait jusqu'à 18 m et contenait une réserve d'air pour une demi-heure. La récupération d'épaves fit la fortune de l'inventeur.

FRAGILE COMME DU VERRE
Cette scène imaginaire montre Alexandre le Grand (356-323 av. J.-C.), roi de Macédoine, en plongée. Sa cloche n'aurait jamais pu fonctionner : la pression de l'eau l'aurait écrasée.

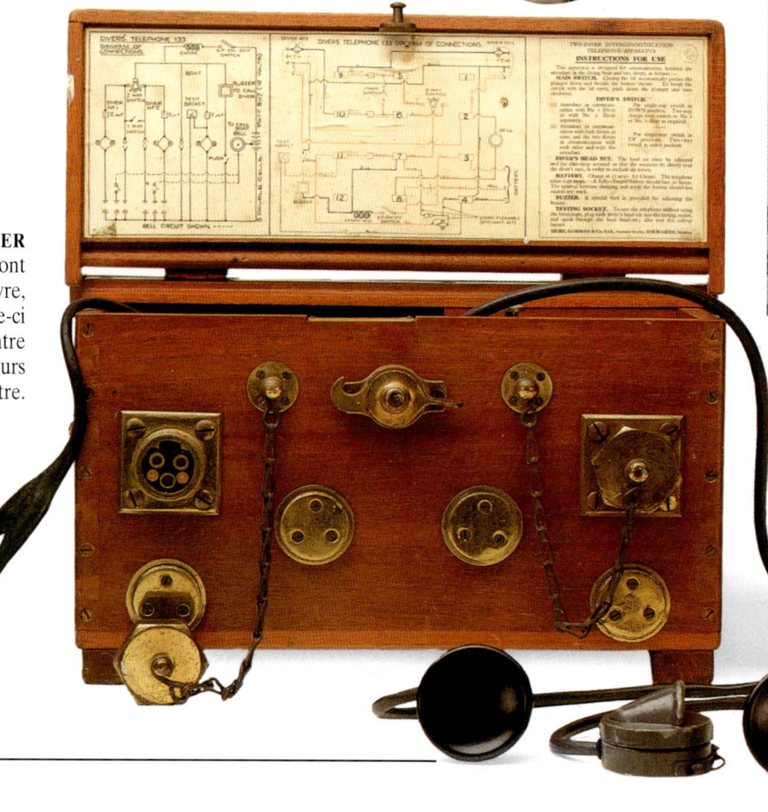

COMMUNICATIONS SOUS LA MER
Vers 1900, microphones et haut-parleurs ont commencé à relier, par un fil de cuivre, scaphandriers et équipe de surface. Celle-ci pouvait ainsi communiquer avec quatre plongeurs en actionnant des interrupteurs pour parler avec l'un ou l'autre.

RESPIRER SOUS L'EAU
Les plongeurs ont imaginé d'autres solutions que la cloche de plongée ; mais le principe de celle-ci se retrouve dans la conception du scaphandre, qui n'est qu'une petite cloche individuelle directement reliée au vêtement étanche protégeant le plongeur.

SOUS L'EAU SANS FAIRE DE BULLES
Pendant la Seconde Guerre mondiale, les plongeurs militaires respiraient du dioxygène, et non de l'air, en circuit fermé, pour ne pas être vus de la surface. Une cartouche de chaux sodée absorbait le gaz carbonique, toxique, expiré par la personne.

LOURD COMME DU PLOMB
Du fait de l'air contenu dans son casque et dans son vêtement, le scaphandrier flotte. Pour s'immerger, il doit porter du lest de plomb sur sa poitrine, autour de la ceinture et aux pieds.

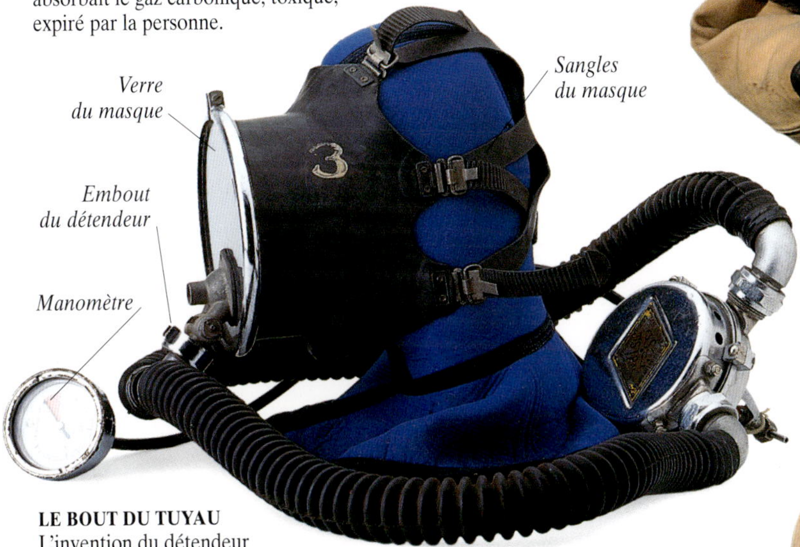

LE BOUT DU TUYAU
L'invention du détendeur (p. 46) a permis aux plongeurs de se libérer de la contrainte du tuyau d'alimentation en air. Avec le scaphandre autonome (p. 46-47), le plongeur porte un masque et, sur son dos, des bouteilles d'air comprimé. Le modèle montré ici est allemand et date des années 1950.

RELIÉ À LA SURFACE
Un tuyau pour le passage de l'air et un câble de sécurité reliaient le scaphandrier à l'équipe de surface. Sur le bateau, un assistant actionnait une pompe pour alimenter le scaphandre en air comprimé. Le câble servait aux remontées d'urgence et à la communication avec la surface.

LE SCAPHANDRE SIEBE
Les premiers scaphandres à casque étaient de minuscules cloches que les plongeurs portaient sur leurs épaules et pouvaient même abandonner quelque temps sous l'eau. L'invention de l'Allemand Augustus Siebe, vers 1830, consista à relier directement le casque-cloche au vêtement étanche habillant le corps du plongeur.

L'INVENTION DU SCAPHANDRE AUTONOME

En 1943, l'officier de marine Jacques-Yves Cousteau concrétisa le rêve de tout plongeur : évoluer librement au fond de la mer. Son scaphandre autonome permettait de respirer librement sous l'eau tout en transportant sur son dos dans des cylindres d'acier, sa réserve d'air comprimé. A chaque inspiration, le détendeur inventé par Cousteau et l'ingénieur Gagnan fournissait l'air exactement à la même pression que celle de l'eau environnante. Cet équipement facilita de nombreuses découvertes sous-marines et le travail des archéologues.

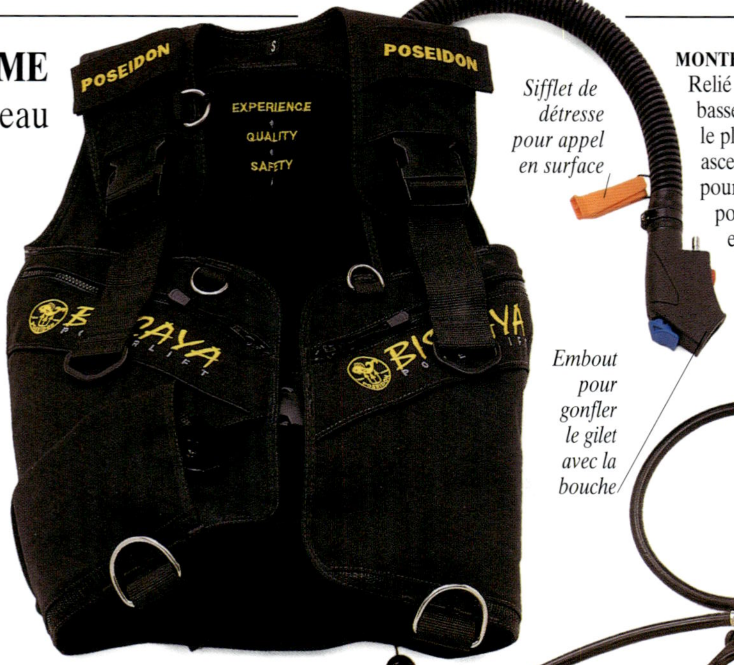

Sifflet de détresse pour appel en surface

Embout pour gonfler le gilet avec la bouche

Valve de vidange manuelle de l'air du gilet

MONTER ET DESCENDRE
Relié à la bouteille d'air comprimé par un tube basse pression, le gilet gonflable joue pour le plongeur le rôle d'un parachute ou d'un ascenseur. La personne le purge de son air pour rejoindre le fond, le regonfle légèrement pour ajuster sa flottabilité une fois au fond et le gonfle plus encore pour la nage ou le séjour en surface.

Le tube de sortie basse pression permet le gonflage rapide du gilet.

Extrémité profilée (du tuba)

TUBE RESPIRATOIRE
Le tuba permet de nager en surface tout en gardant la tête sous l'eau. Qu'il soit de grande longueur est inutile car, au-delà de 35 cm d'immersion, l'inspiration devient très difficile.

GARDER UNE VISION CLAIRE
On évite la buée qui se forme sur le verre du masque en humectant celui-ci avec de la salive avant la plongée. Si, en plongée, l'eau envahit le masque, on la chasse en expirant par le nez, dans le masque.

Le premier étage du détendeur abaisse la pression de l'air (avant son entrée dans le deuxième étage)

Boussole

Profondimètre

Manomètre indiquant la pression de l'air dans la bouteille

Bouteille de réserve

L'embout buccal du détendeur fournit l'air quand on inspire.

Bouteille d'air comprimé

Embout buccal de secours

COMME UN POISSON DANS L'EAU
Le plongeur en scaphandre autonome porte sur son dos une bouteille d'air comprimé. Un détendeur à deux étages délivre à la demande l'air qu'il inspire par l'embout buccal.

LES INVENTEURS
Jacques-Yves Cousteau (ci-dessus) et l'ingénieur Emile Gagnan adaptèrent le détendeur d'une gazinière pour permettre au plongeur de respirer l'air à la même pression que celle qui pèse sur lui sous l'eau. Ce nouveau système rendit le plongeur libre de toute attache, puisqu'il respire l'air comprimé des bouteilles qu'il porte sur son dos.

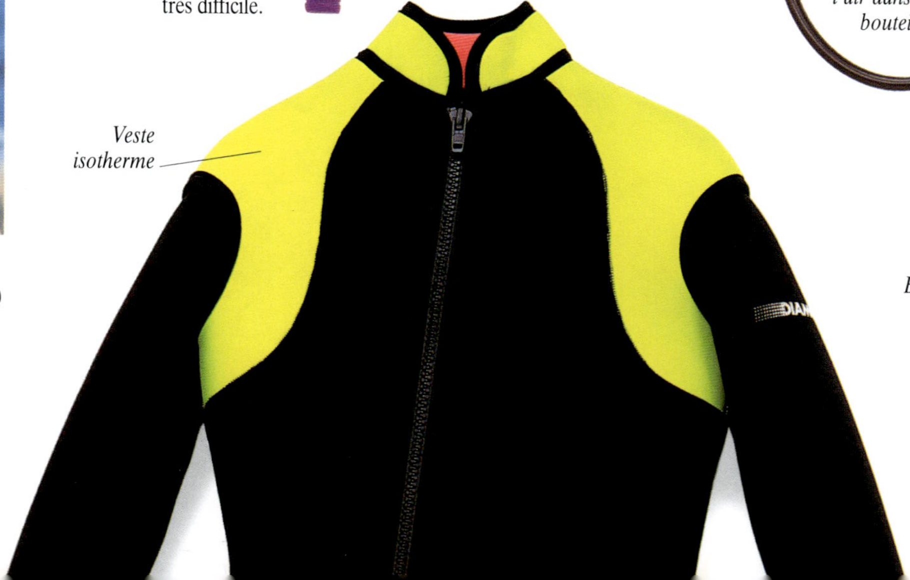

Veste isotherme

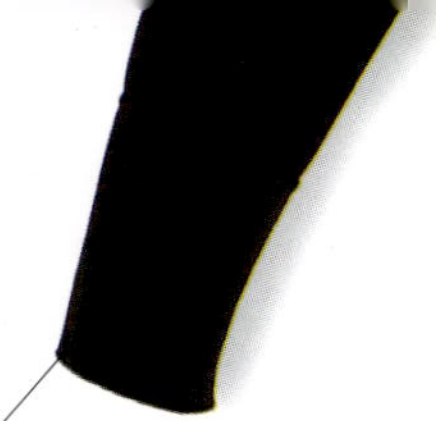

Le Néoprène, constitué de bulles d'air emprisonnées dans du caoutchouc, protège le corps du plongeur du froid et des écorchures.

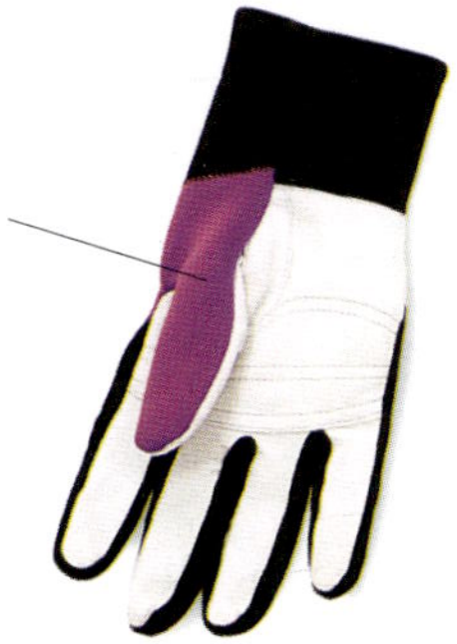

Gant

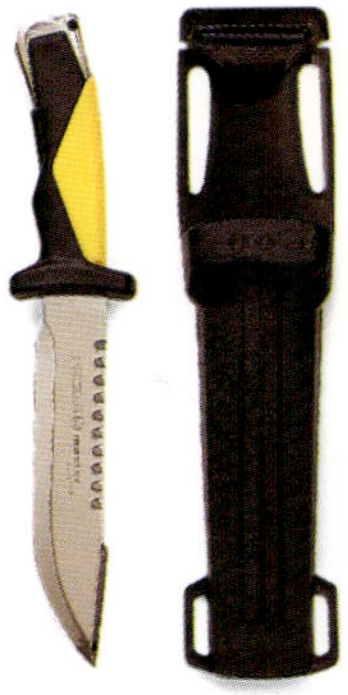

SE SÉCURISER
Le couteau permet de couper tout filin ou filet qui entraverait les mouvements. Il sert à tout, même à frapper une bouteille d'air comprimé pour attirer l'attention d'un autre plongeur.

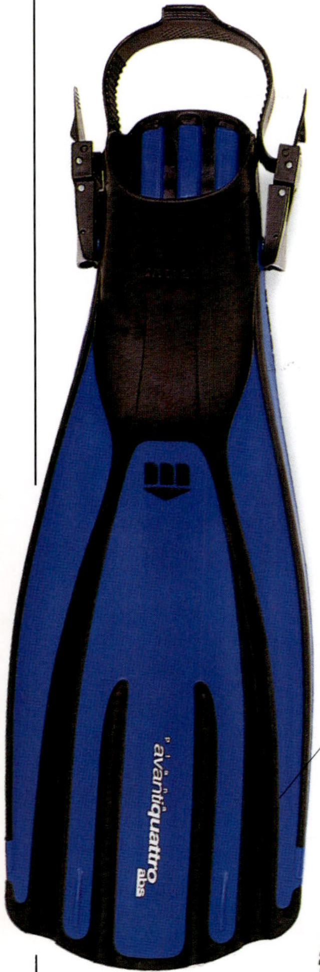

La taille et la raideur des palmes doivent être adaptées à la musculature du plongeur.

Les bottillons évitent le refroidissement et protègent les pieds.

PLONGÉE EN EAUX CHAUDES
La plongée en eaux tropicales, sur un récif de corail par exemple, offre au plongeur l'attrait d'une eau souvent très claire et de fonds colorés. La température de l'eau permet au plongeur de rester tête nue, sans cagoule, laquelle est indispensable en eaux froides.

SE VÊTIR
Un vêtement en Néoprène forme une couche d'eau tiède qui isole le plongeur du froid, le protège des brûlures du soleil et des piqûres d'organismes marins. En eaux très froides, un vêtement étanche permet le port de sous-vêtements secs pour des immersions prolongées.

SE PROPULSER
Inventées vers 1920, les palmes améliorent la propulsion du plongeur et accroissent la distance qu'il peut parcourir. Les palmes de natation sont beaucoup plus longues que celles pour la plongée sportive ou professionnelle.

Boucle à cliquet

S'ÉCLAIRER
Les couleurs sont absorbées sous l'eau au fur et à mesure que l'on s'enfonce. Au-delà de 15 m de profondeur, une lampe restitue leurs belles couleurs aux plantes et organismes marins.

Plombs amovibles

S'IMMERGER
Les petites bulles d'air du vêtement de Néoprène font flotter le plongeur. La ceinture de plomb lui permet de s'immerger. Ensuite, le gilet gonflable permet au plongeur d'assurer exactement son équilibre en profondeur.

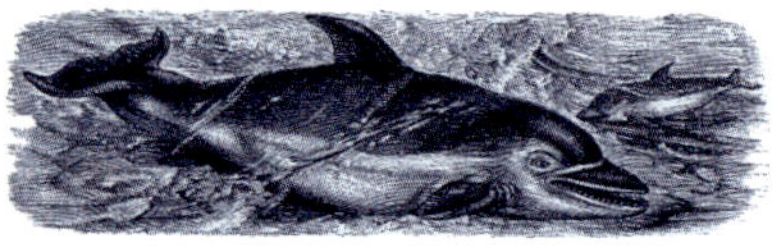

LA PLONGÉE EN EAUX PROFONDES

Le navire qui fait naufrage en pleine mer disparaît sous les vagues avant de devenir inaccessible. Même si l'eau est très claire, la lumière ne perce pas au-delà de six cents mètres de profondeur. Accéder à des épaves gisant à de telles profondeurs, où règnent le froid et une pression énorme, est risqué pour le plongeur. En effet, bien avant qu'il n'atteigne cent mètres, l'azote de l'air qu'il respire est dissous dans son sang et provoque la narcose, une sorte d'ivresse. Quant à la remontée, elle doit se faire par paliers successifs, pour éviter la formation de bulles dans les vaisseaux sanguins, phénomène qui entraînerait la paralysie, voire la mort. Le scaphandre rigide permet d'intervenir jusqu'à six cents mètres de profondeur. Le sous-marin descend encore plus bas.

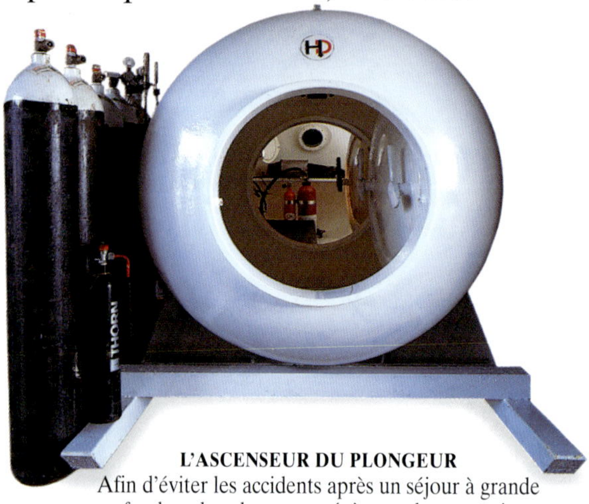

L'ASCENSEUR DU PLONGEUR
Afin d'éviter les accidents après un séjour à grande profondeur, les plongeurs pénètrent dans un caisson dont la pression est graduellement abaissée. Cela évite la formation de bulles dans le sang.

Le scaphandre fut baptisé « Jim », du nom de Jim Jarrett, le premier plongeur à tester le prototype.

SCAPHANDRE ARTICULÉ
Le plongeur vêtu d'un scaphandre rigide, mis au point en 1930 par Joseph Peress, respirait de l'air à pression atmosphérique, ce qui lui évitait les problèmes de décompression. Des joints flexibles sur les bras et les jambes lui permettaient de se mouvoir jusqu'à 300 m de profondeur.

Les hublots n'offrent qu'un champ de vision limité.

Le plongeur commande des pinces à partir de l'intérieur du scaphandre.

BRÈVE PLONGÉE
La visite d'une épave profonde est toujours brève pour un plongeur s'il veut éviter que l'azote dissous dans son sang ne le force à de longs paliers de décompression en remontant vers la surface.

REPÉRER LES VESTIGES
Conçu pour plonger jusqu'à 200 m et équipé de caméras semblables à celles qui sont utilisées en photo aérienne, l'*Asherah*, sous-marin lancé en 1964 par l'université de Pennsylvanie (Etats-Unis), fut utilisé en Turquie par George Bass afin de repérer les épaves antiques et de cartographier rapidement les sites découverts. Il s'en servit pour la première fois à Yassi Ada (Turquie), par 42 m de fond.

UNE BULLE SOUS L'EAU
Le *Remora*, conçu par la firme marseillaise Comex pour la visite d'épaves, permet au pilote et au passager de voir tout autour d'eux. Propulsé par cinq moteurs électriques, il pèse 5 t, se déplace comme un hélicoptère et descend jusqu'à 610 m de profondeur.

UN BRAS DANS L'OCÉAN
A la différence d'un plongeur, la personne qui se trouve dans un sous-marin ne peut toucher les objets qu'elle voit. Mais un bras mécanique articulé lui permet de s'en emparer, de les soulever et d'explorer ainsi une épave.

TOUT DE MÊME PLUS SOUPLE
Le scaphandre rigide est fatigant pour le plongeur, du fait de la raideur provoquée par la pression de l'eau sur les joints. Ceux du scaphandre *Drager Newt* sont remplis de fluide pour atténuer ce défaut. Mais cet appareil de plongée, qui résiste jusqu'à 300 m de profondeur, reste très encombrant, même si sa manœuvre sous l'eau est facilitée par des moteurs électriques.

LA LOCALISATION DES ÉPAVES

Pour trouver une épave, il suffit parfois de demander aux pêcheurs où s'accrochent leurs filets ! Les archives des siècles les plus récents de la marine à voile fournissent aussi des détails sur la dernière position connue du navire. Si la zone de recherche est restreinte, on se contente d'instruments comme le sonar à balayage latéral ou le magnétomètre. Le premier détecte l'épave si celle-ci forme une protubérance sur le fond marin, tandis que le second repère la présence de canons ou d'ancres de fer. Dès qu'elle est détectée, l'épave devient l'objet d'une étude archéologique, qui ressemble à une enquête policière. Au fil des plongées, les archéologues mesurent, dessinent et photographient tous les détails du navire naufragé qui permettront de reconstituer son histoire. Ce n'est qu'après ce travail méticuleux de repérage et de description que les plongeurs procèdent à la remontée d'objets et, plus rarement, au renflouement de l'épave si elle est encore conséquente.

AMPHORES VIRTUELLES
L'épave antique dite *Arles IV*, du Ier siècle de notre ère, fut localisée en 1981 par 662 m de fond. En 1993, des techniciens de l'Ifremer, avec le sous-marin *Nautile*, ont réalisé une mosaïque photographique de l'épave. L'analyse des clichés a permis, à l'aide de l'ordinateur, de reconstituer le navire sous la forme d'une image en trois dimensions.

FAIRE LA PART DES CHOSES
Le premier stade de l'étude archéologique d'une épave consiste à en dresser un plan, avant la fouille. Le site est ensuite divisé en zones géométriques permettant d'enregistrer la position respective des objets. Photographies et dessins complètent le plan de l'ensemble.

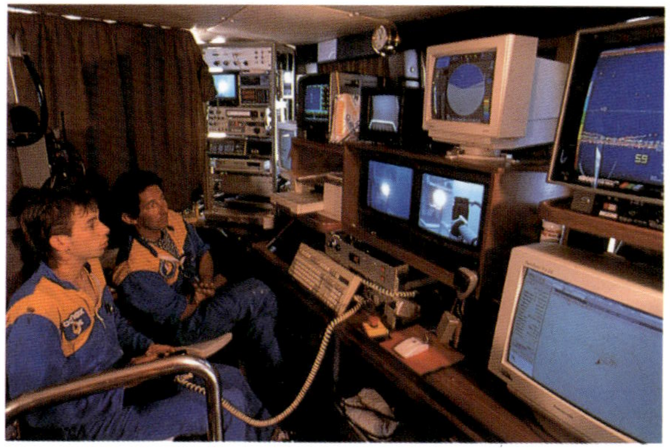

SANS SE MOUILLER
Il est possible de voir une épave profondément engloutie à partir de la cabine d'un navire de recherche : l'équipe suit sur des écrans les images et signaux captés par les instruments de détection.

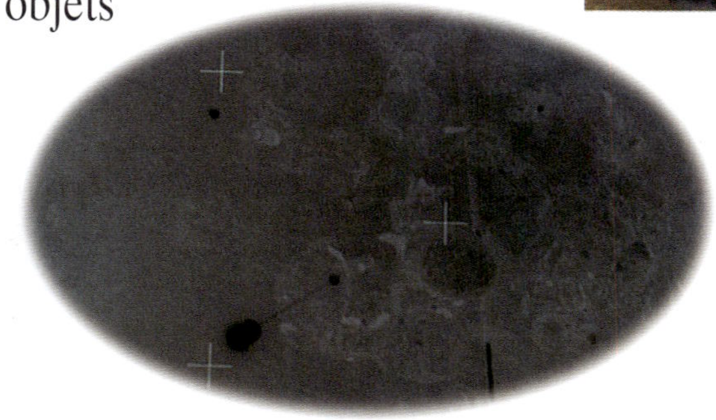

DRESSER UN PLAN À PARTIR D'UNE PHOTO
La couverture photographique d'une épave à quelques mètres d'« altitude » permet d'en dresser une carte précise. On aperçoit, sur ce clichés des amphores.

DÉGAGER DES SÉDIMENTS
Les épaves se trouvent souvent enfouies sous les sédiments marins. Quand la couche est fine, la main suffit à l'éliminer, mais il faut des outils puissants comme la suceuse (aspirateur) pneumatique pour remuer des tonnes de vase ou de sable. Un ballon rempli d'air permet aux plongeurs (à droite) de manipuler ou de remonter les pièces lourdes ou encombrantes retrouvées sur l'épave, en l'occurrence des amphores.

Plongeur évoluant au-dessus d'une épave

BALAYEUR ÉLECTRONIQUE
Le « poisson » du sonar ressemble à un long cigare (en jaune) que l'on remorque sous l'eau au bout d'un câble. Il fournit une vue du fond de la mer par « balayage » d'un faisceau de signaux sonores. Moins précise que l'image vidéo mais indépendante de la visibilité sous-marine, l'image ainsi reconstituée permet d'identifier à distance la silhouette d'une épave ou celle de gros objets isolés.

Une grande ancre est un bon repère pour l'identification d'une épave.

LA VIE À BORD

« Sauve qui peut ! » Quiconque entend ce cri abandonne sur-le-champ son travail pour ne plus penser qu'à sauver sa vie. Il est souvent trop tard pour s'occuper de ses effets personnels ; en tout cas, les canots de sauvetage ne sont pas prévus pour les recevoir. La plupart des objets abandonnés sont très ordinaires, mais leur valeur, pour l'archéologue qui étudie l'épave, dépasse de beaucoup celle de l'or. En effet, ce sont les témoins concrets de la vie quotidienne du bord, brutalement figée lors du naufrage. Par sa forme, un objet dit d'où il provient et à quelle époque il a été fabriqué. Ainsi, grâce à la patience et à la rigueur des plongeurs-archéologues, on peut reconstituer, pièce par pièce, tel un puzzle, l'histoire d'un navire disparu et la vie quotidienne de son équipage.

LA CHAUDIÈRE DU COQ
Le coq (le cuisinier) devait préparer les repas du bord. Chaque jour, il allumait son fourneau et cuisait les aliments dans une chaudière (marmite) de cuivre récurée à la fin de la journée. Les cendres du four, récupérées, servaient au blanchissage du linge.

LA PHARMACIE DU BORD
A l'époque de la marine à voile, les soins médicaux étant très rudimentaires, les marins mouraient plus de maladie que de noyade. Ces fioles proviennent de la pharmacie de l'épave de l'*Earl of Abergavenny*, naufragé en février 1805.

Cette mesure, retrouvée sur une épave, contenait assez de poudre pour charger un canon.

MESURE À POUDRE
Dans les anciens vaisseaux de guerre, un magasin, appelé la sainte-barbe, abritait les barils de poudre. Un boulet de 8 livres (3,9 kg) nécessitait 3 kg de poudre noire pour être tiré. On prélevait celle-ci, dans son tonneau de bois, avec une mesure en cuivre rouge.

ALCOOL À L'EAU
Bière pour les uns, vin ou eau-de-vie pour les autres, l'alcool représentait, en calories, une part importante de l'alimentation du matelot européen de jadis. Ce casier à bouteilles retrouvé sur une épave témoigne du soin apporté au rangement du vin.

CANON À ROULETTES
Trop lourds pour être déplacés à la main, les canons des anciens vaisseaux de guerre étaient fixés à des affûts de bois équipés de roues et retenus par des câbles. Celui ci-contre supportait une petite pièce d'artillerie d'environ 1,20 m de long.

Le bois s'est conservé malgré 250 ans de séjour sous la mer.

DÉVORÉ PAR LE SEL
Ce pistolet à silex ne tirait qu'un coup à la fois. Il lançait une balle de plomb de quelques dizaines de grammes. Rongé durant deux siècles et demi par l'eau de mer, son canon a disparu.

CISEAUX DE BORD
L'eau de mer corrode profondément les métaux tels que le fer ou l'acier. Mais si l'objet est envasé, ou recouvert d'un autre métal, il se conserve, comme cette paire de ciseaux qui, engloutie durant 200 ans, coupe encore papier et tissu.

ENTASSEMENT AU POSTE D'ÉQUIPAGE
Les hommes d'équipage prenaient leurs repas par petits groupes, assis près des canons de la batterie. L'espace suffisait à peine au rangement des vêtements et des affaires de chacun. Les officiers étaient mieux logés.

Les poils de la brosse ont disparu.

GENCIVES EN SANG
Maladie due à une carence en vitamine C, le scorbut faisait pourrir autrefois les gencives des marins. Le navire qui transportait ces brosses à dents à manche de bois fit naufrage 10 ans après que l'usage de fruits tels que le citron, riche en vitamine C, eut été introduit dans la marine britannique.

LE SON RETROUVÉ DE L'HARMONICA
La musique n'avait pas qu'un rôle de passe-temps à bord des navires : chants et sons rythmés servaient aussi à accompagner les manœuvres sur les câbles et au cabestan. Après un traitement de restauration en laboratoire, ces harmonicas vieux d'un siècle sont encore en état de jouer, sans fausse note, une chanson de marin.

COUVERTS EN VRAC
Combinée aux concrétions calcaires, la rouille transforme en une masse informe les objets de fer. Cet agrégat de cuillers, fourchettes et couteaux a été retrouvé sur l'épave de l'*Aurania*, un transport de troupes torpillé au large de l'Irlande pendant la Première Guerre mondiale.

Fourchette en métal argenté

Bouchon de laiton

Cuiller en métal argenté

Poignées de couteaux

Trou de fixation du câble de chanvre

SONDAGE
A l'approche des côtes, les marins de jadis utilisaient des plombs de sonde pour mesurer la profondeur. Celui-ci possède à sa base un creux que l'on remplissait de graisse avant de le lancer à l'eau. A la remontée, les traces laissées sur la graisse renseignaient sur la nature du fond : roche, sable ou vase. Par temps couvert ou en eaux inconnues, l'usage fréquent de la sonde permettait d'éviter l'échouage.

LES CARGAISONS PERDUES

Faites de balles, de caisses ou de matériaux en vrac, les cargaisons emplissaient les cales des navires marchands. En mer, le poids de ce chargement concourait à la stabilité du bateau, sauf si le fret était mal réparti. La récupération d'une cargaison engloutie s'appelle le sauvetage d'épave. Cette activité épisodique mais très ancienne a pris de l'importance au siècle passé lors du développement de la navigation à vapeur. Contrairement à l'archéologue, soucieux de mener un travail scientifique, le sauveteur d'épaves s'intéresse seulement aux marchandises en vue d'un profit financier. Il ne s'occupe donc que des cargaisons ayant une valeur certaine, et il doit, avant toute opération de récupération, contacter ceux qui ont des droits sur l'épave !

TRÉSOR EN PIÈCES
Jadis frappées dans des alliages à base de cuivre, d'argent ou d'or et faites pour un usage intensif, les pièces de monnaie étaient indispensables à tout échange commercial. Ce rôle passé explique leur présence fréquente sur les épaves anciennes.

Pièces de monnaie d'Espagne et d'Amérique espagnole

CONSERVÉES DANS LA VASE
L'épave du navire danois *Die Fraumetta Catharina von Flensburg*, naufragé en 1786, était recouverte d'une épaisse couche de vase. Celle-ci conserva si bien la cargaison de peaux de rennes que le cuir est resté souple.

Billets presque intacts après leur séjour sous la mer

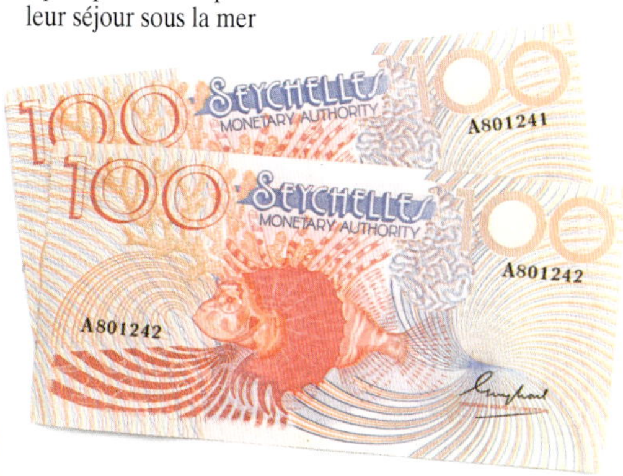

LA REVANCHE DE LA BANQUE
Une fortune en billets de banque des Seychelles se perdit lors du naufrage de l'*Aeolian Sky*, en 1979. La majeure partie fut pillée avant l'arrivée des plongeurs officiels. La banque nationale fit annuler l'émission, retirant toute valeur aux billets volés.

MARQUE DE PLOMB
Le plomb de ce sceau a bien résisté au long séjour sous la mer tandis que le tissu qu'il marquait a disparu depuis longtemps. Placé sur un rouleau de tissu, ce sceau attestait sa longueur. Le tissu était mesuré en aunes, une ancienne mesure de longueur (1,18 m, puis 1,20 m).

CARGAISON DE CUIVRE
Entreposées à fond de cale, ces barres de cuivre, retrouvées sur l'épave de l'*Earl of Abergavenny*, naufragé en 1805, étaient destinées aux petits ateliers de fonderie des villes d'Inde.

TRANSPORT DE LIQUIDITÉS
L'Inde était encore une colonie britannique quand, en 1917, le *SS Camberwell* toucha une mine flottante et coula avec sa cargaison de billets de 10 roupies imprimés en Angleterre et destinés à être mis en circulation dans cette partie de l'Empire britannique.

ARRIMAGE
Bien arrimer (ranger et fixer) la cargaison est essentiel. De nombreux navires coulèrent parce qu'un coup de roulis avait déplacé les marchandises. Selon une vieille superstition de marin, il fallait faire gîter (incliner) le navire sur bâbord pendant qu'on le chargeait.

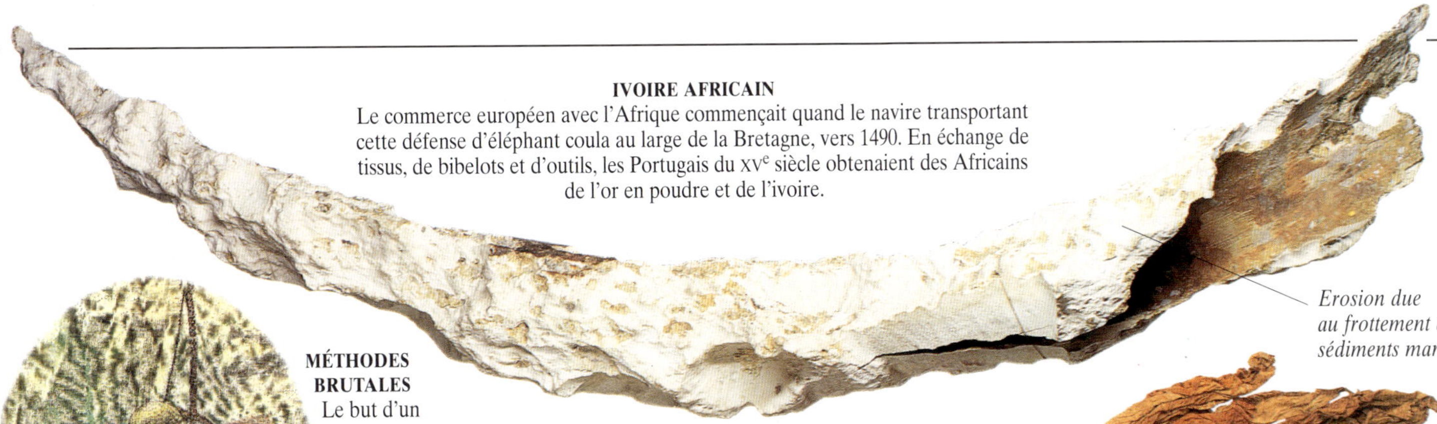

IVOIRE AFRICAIN

Le commerce européen avec l'Afrique commençait quand le navire transportant cette défense d'éléphant coula au large de la Bretagne, vers 1490. En échange de tissus, de bibelots et d'outils, les Portugais du XVe siècle obtenaient des Africains de l'or en poudre et de l'ivoire.

Erosion due au frottement des sédiments marins

MÉTHODES BRUTALES

Le but d'un sauvetage étant de récupérer au moindre coût une cargaison engloutie, les plongeurs utilisent des barres à mine ou des explosifs pour atteindre les chambres ou les cales de marchandises. Appliquées à un site archéologique, de telles méthodes équivalent à la destruction pure et simple de celui-ci.

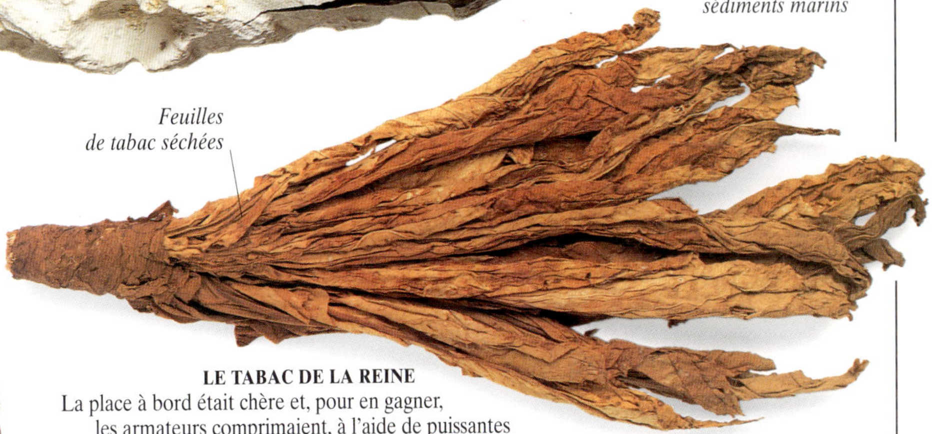

Feuilles de tabac séchées

LE TABAC DE LA REINE

La place à bord était chère et, pour en gagner, les armateurs comprimaient, à l'aide de puissantes machines, les cargaisons encombrantes comme le tabac. En Grande-Bretagne, le tabac abîmé par l'eau de mer était brûlé dans une chaudière appelée la « pipe à tabac de la reine ».

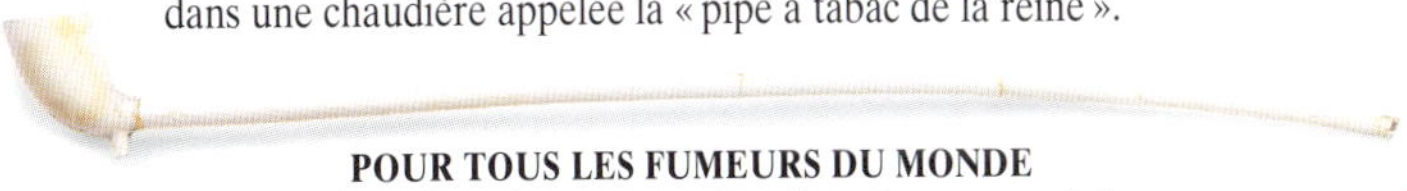

POUR TOUS LES FUMEURS DU MONDE

Emballées dans des copeaux, les pipes de terre anglaises étaient expédiées dans le monde entier. Cette longue pipe destinée au marché d'Afrique de l'Ouest coula lors d'un naufrage en mer d'Irlande en 1874.

ALLUMETTES POUR LE SUD

L'*Avalanche* coula en 1877, en allant vers la Nouvelle-Zélande. Les plongeurs ont retrouvé dans l'épave une cargaison d'allumettes encore emballées dans des boîtes de fer étamé. Les 63 émigrants qui étaient à bord moururent lors du naufrage.

MONNAIE POUR L'ASIE

Enveloppées dans du papier et bien rangées dans des tonneaux, ces pièces qui venaient d'être frappées faisaient partie d'une cargaison de 46 t de monnaie destinée aux Indes orientales. L'argent se trouvait à bord du navire de guerre britannique *Admiral Gardiner*, qui fit naufrage sur un banc de la côte est de l'Angleterre en janvier 1809.

Formations calcaires

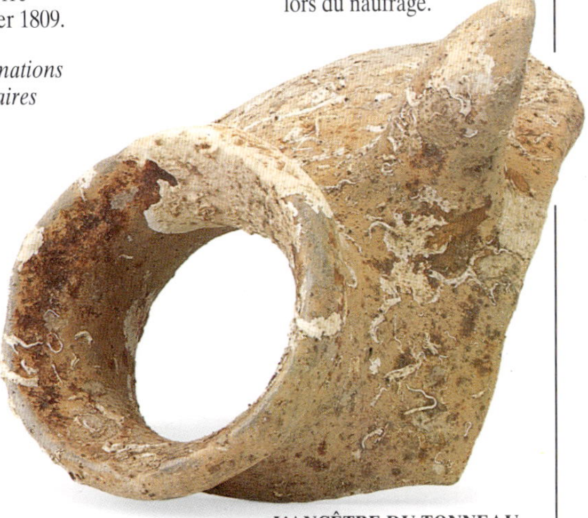

L'ANCÊTRE DU TONNEAU

Les grands navires de commerce romains transportaient plusieurs milliers d'amphores. Celles qui étaient utilisées pour le transport du vin étaient enduites de poix (résine de pin) à l'intérieur et fermées par un bouchon de liège recouvert de ciment volcanique.

RESTAURATION ET CONSERVATION

Quand ils ont achevé le travail de repérage, les plongeurs entreprennent la remontée des pièces significatives de l'épave, plus rarement du bateau lui-même. C'est à terre que l'étude et la conservation commencent pour de bon. Mais le contact avec l'air libre peut signer l'arrêt de mort des matériaux fragiles. Un simple jet d'eau permet de nettoyer une pierre retirée de la mer, mais il suffit d'exposer à l'air durant quelques minutes un objet en fer pour qu'il se dégrade entièrement. Même la porcelaine nécessite d'être traitée, sinon le sel contenu dans l'eau de mer ferait éclater l'émail lors du séchage. Plus complexe encore est le traitement du bois ; il exige de l'archéologue une étude préalable, car l'entreprise est longue et coûteuse.

BOUTEILLE DE CORAIL
Ici, le corail a recouvert de manière plaisante une bouteille ayant résisté à un séjour dans la mer. Il faut donc choisir de la conserver avec ou sans ce « décor ».

NETTOYAGE PAR ÉLECTROLYSE
En se combinant avec les formations calcaires naturelles qui recouvrent peu à peu les objets, la rouille forme des dépôts très durs que les conservateurs doivent dégager au burin ou par électrolyse. Cette opération consiste à immerger l'objet métallique dans une solution chimique et à le soumettre à un courant électrique pour éliminer le sel, à l'effet destructeur quand l'objet est replacé à l'air libre.

Harmonica nettoyé

Harmonicas couverts de concrétions

BOL ET BERNACLES
Deux siècles et demi après sa sortie des fours des potiers chinois, ce bol de porcelaine, perdu en 1752 lors du naufrage du *Geldermalsen*, un vaisseau de la Compagnie des Indes hollandaise, est couvert de résidus calcaires d'organismes marins.

BRILLANTE MAIS FRAGILE
Gratter les formations calcaires risquerait de rayer l'émail de la porcelaine. C'est pourquoi les conservateurs l'immergent dans une solution acide diluée. L'acide dissout la couche extérieure du calcaire et ramollit l'ensemble des concrétions. Celles-ci s'en vont alors au lavage.

SUR LA TRACE D'ANCIENS FABRICANTS
L'étude des objets d'une épave permet de connaître la fonction du navire et de préciser la date de l'accident. La forme et la taille des amphores, par exemple, indiquent une provenance. Et même parfois, des estampilles imprimées dans la pâte ou des marques peintes renseignent sur l'atelier de fabrication, le poids de l'amphore, son volume et le nom du marchand ou de l'atelier.

PUZZLE
La reconstitution de cette belle cruche passa d'abord par l'enregistrement en plongée de la position de chaque tesson (fragment) de céramique. La disposition des fragments donne un indice sur les derniers instants du navire à bord duquel voyageait la cruche.

LE GRAND NETTOYAGE
La remontée en un bloc du *Vasa* (p. 26-27) ne fut que la toute première étape de la conservation du vaisseau suédois. Onze personnes travaillèrent pendant cinq mois rien que pour dégager et nettoyer l'intérieur de la coque. Les archéologues enregistrèrent en tout 25 000 objets sur l'épave et à proximité. La coque elle-même était composée de 14 000 pièces ; sa reconstruction prit vingt ans.

Asperger la Mary Rose *prendra 15 à 20 ans*

ASPERGEONS
Le bois d'une épave, gorgé d'eau, se dessèche si on l'abandonne à l'air libre. Un des traitements de conservation consiste à imprégner lentement le bois avec une substance visqueuse, le polyéthylène glycol (PEG), un dérivé du pétrole. Quand les morceaux sont trop grands pour tremper, on les traite par aspersion, des années durant.

Les petits organismes marins ont été détachés avec de l'acide dilué

LE PIÈGE DU SEL
Bien que la porcelaine ait l'air en parfait état, l'eau de mer qui a pénétré l'émail le craquellerait en se cristallisant au séchage. Il s'agit d'éliminer progressivement le sel en maintenant la porcelaine immergée dans de l'eau douce.

GÉANT DÉLICAT
Même quand toutes les pièces ont été traitées et remises en place, l'épave n'est plus qu'un grand assemblage fragile. Seuls les techniciens sont autorisés à circuler « à bord » de la structure de bois restaurée.

LES NAUFRAGES, THÈME ÉTERNEL

Les naufrages ont toujours fasciné peintres et écrivains.

Les premiers grands récits de navires engloutis étaient fabuleux. Ces mythes, qui mettaient en scène dieux et héros, permettaient aux anciens d'exprimer leurs craintes face aux éléments et d'expliquer les forces naturelles qui gouvernaient leur vie. Bien plus tard, les histoires de naufrages passionnèrent le public, car il s'agissait d'expériences terrifiantes vécues par l'homme de la rue, qu'il fût simple matelot ou émigrant et père de famille. L'accident devenait alors l'épisode capital d'un voyage commencé dans la routine. Et survivre à bord d'un radeau ou dans une île déserte faisait des survivants les héros d'une aventure à laquelle l'arrivée des secours apportait un heureux dénouement.

L'ARCHE DE NOÉ
Dans la Bible, Dieu prévient Noé de l'imminence du déluge. L'homme construit un navire, l'Arche, pour sauver sa famille et tous les animaux de la terre. Après 40 jours et 40 nuits de pluie, le bateau s'échoue finalement, dit-on, sur le mont Ararat, en Turquie orientale.

JONAS ET SA BALEINE
Un chapitre de la Bible décrit l'odyssée de Jonas à bord d'un navire pris dans la tempête en Méditerranée. Craignant le pire, l'équipage tire au sort pour découvrir celui dont les fautes mettent ainsi le bateau en danger. Le sort désigne Jonas, qui est jeté à la mer et avalé par un « grand poisson ». On dit qu'il s'agit d'une baleine qui le recracha trois jours après.

ROBINSON CRUSOÉ
Robinson Crusoé, jeté par la mer sur une île déserte, endure la solitude et les attaques de cannibales. L'Anglais Daniel Defoe s'inspira pour son roman (1719) de l'aventure vécue par Alexander Selkirk (1676-1721), un matelot écossais laissé seul sur une île du Pacifique à la suite d'une querelle avec son capitaine.

WHISKY À GOGO
Quand le *Politician* s'échoua en 1941 entre les îles Eriskay et South Uist, en Ecosse, les gens du lieu ne se firent pas prier pour décharger la cargaison de whisky. Le romancier anglais Compton MacKenzie (1883-1972) fit de cet après-naufrage un roman désopilant, *Whisky à gogo* (1947), popularisé au cinéma en 1948.

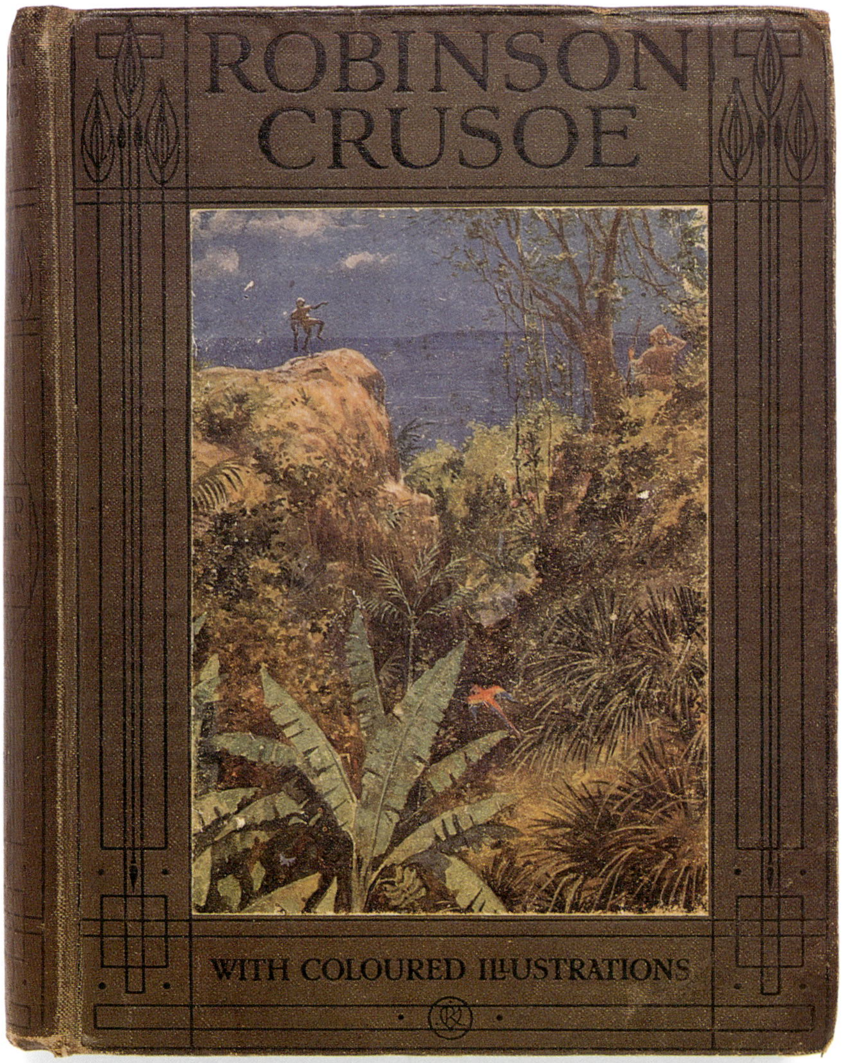

La couverture d'une édition du roman *Robinson Crusoé* de Daniel Defoe

UN SUJET CLASSIQUE DU CINÉMA
Un navire qui fait naufrage est un thème spectaculaire, bien dans le style des films catastrophes, qui a été exploité bien des fois. Prochainement un long métrage doit nous faire frémir avec les victimes du naufrage du *Titanic*, et déjà *Vingt Mille Lieues sous les mers* nous a fait découvrir le fond des océans.

ULYSSE ET LES SIRÈNES
Le poète grec Homère (IVᵉ siècle av. J.-C.) raconte dans *L'Odyssée* le retour d'Ulysse de la guerre de Troie dans sa patrie, l'île d'Ithaque. Le héros risque de faire naufrage quand son navire longe l'île des Sirènes. Là, grâce à leurs chants, des femmes à queue de poisson attirent sur les récifs les marins pour les dévorer. Ulysse bouche les oreilles de ses compagnons avec de la cire, et lui-même se fait attacher au mât du bateau pour satisfaire sa curiosité.

« VINGT MILLE LIEUES SOUS LES MERS »
Dans son roman, écrit en 1870, Jules Verne (1828-1905) a imaginé le voyage du sous-marin *Nautilus*, commandé par le capitaine Nemo. Celui-ci, avec ses scaphandriers, équipés comme ceux de l'époque, va chercher dans les épaves de Vigo (p. 15) de quoi financer ses projets. En 1870, le Français Hippolyte Mangen entreprit des fouilles à Vigo, en vain…

SAINT NICOLAS
Selon une légende chrétienne, le futur saint Nicolas sauva la vie de ses compagnons au cours d'une tempête au large de la Turquie. Le miracle fit de lui le saint patron des marins en danger. Nicolas était évêque de Myre, en Turquie, au IVᵉ siècle. En 1087 ses reliques furent transportées à Bari, en Italie, où elles sont vénérées par les gens de mer.

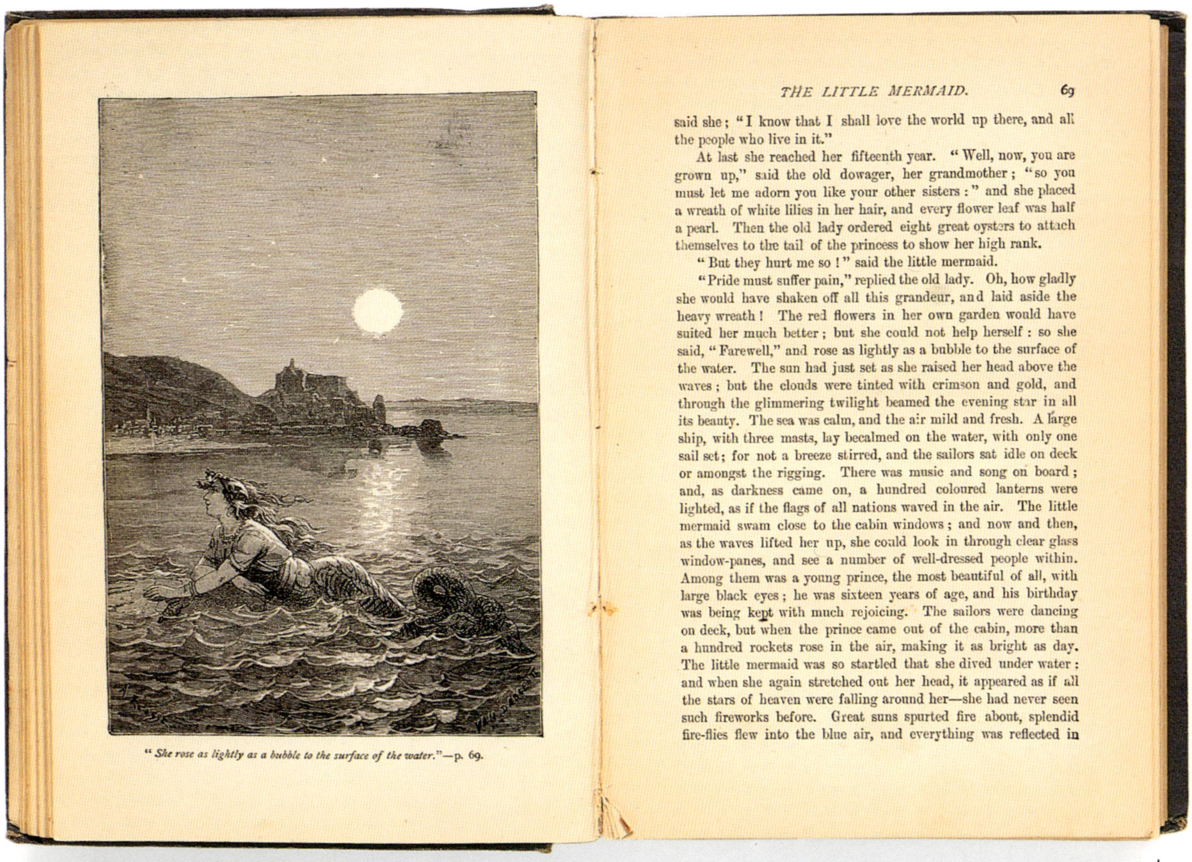

"She rose as lightly as a bubble to the surface of the water."—p. 69.

THE LITTLE MERMAID. 69

said she; "I know that I shall love the world up there, and all the people who live in it."

At last she reached her fifteenth year. "Well, now, you are grown up," said the old dowager, her grandmother; "so you must let me adorn you like your other sisters:" and she placed a wreath of white lilies in her hair, and every flower leaf was half a pearl. Then the old lady ordered eight great oysters to attach themselves to the tail of the princess to show her high rank.

"But they hurt me so!" said the little mermaid.

"Pride must suffer pain," replied the old lady. Oh, how gladly she would have shaken off all this grandeur, and laid aside the heavy wreath! The red flowers in her own garden would have suited her much better; but she could not help herself: so she said, "Farewell," and rose as lightly as a bubble to the surface of the water. The sun had just set as she raised her head above the waves; but the clouds were tinted with crimson and gold, and through the glimmering twilight beamed the evening star in all its beauty. The sea was calm, and the air mild and fresh. A large ship, with three masts, lay becalmed on the water, with only one sail set; for not a breeze stirred, and the sailors sat idle on deck or amongst the rigging. There was music and song on board; and, as darkness came on, a hundred coloured lanterns were lighted, as if the flags of all nations waved in the air. The little mermaid swam close to the cabin windows; and now and then, as the waves lifted her up, she could look in through clear glass window-panes, and see a number of well-dressed people within. Among them was a young prince, the most beautiful of all, with large black eyes; he was sixteen years of age, and his birthday was being kept with much rejoicing. The sailors were dancing on deck, but when the prince came out of the cabin, more than a hundred rockets rose in the air, making it as bright as day. The little mermaid was so startled that she dived under water: and when she again stretched out her head, it appeared as if all the stars of heaven were falling around her—she had never seen such fireworks before. Great suns spurted fire about, splendid fire-flies flew into the blue air, and everything was reflected in

« LA PETITE SIRÈNE »
Dans ce charmant conte de fées écrit par le Danois Hans Christian Andersen (1805-1875), une jeune sirène sauve de la noyade un beau prince dont le bateau coule dans une terrible tempête. Pour aller à terre, rejoindre le prince, la sirène échange sa belle voix contre des jambes.

SURVIE EN TEMPS DE GUERRE
Mer cruelle (1953) met en scène les survivants d'un navire torpillé par un sous-marin. Le réalisme de ces héros de la Seconde Guerre mondiale fit le succès du film.

INDEX

A
Abordage 22
Accident 8, 9, 10, 19, 30, 41, 57, 58
Admiral Gardiner 55
Aeolian Sky 54
Aldis, Arthur 37
Alidade 33
Alphabet morse 36, 37
Al in 29
Amiral 20, 25, 26, 37
Amphore 12, 13, 50, 55, 57
Ancre 10, 13, 29, 42, 43, 50
Andersen, Hans Christian 59
Andrea Doria 9
Anémomètre 11
Apnée, plongée en 14
Archéologue 8, 9, 12, 13, 14, 22, 26, 46, 50, 52, 54, 56, 57
Argo 28
Arles IV 50
Artémision, cap 15
Artillerie 22, 26
Asherah 49
Astrolabe 22, 32, 33
Auriana 53
Aviron 17, 38

B
Baie
  Anson 17
  d'Aboukir 20
  de Bigbury 20
Balise 33, 35, 36, 39, 42
Banc
  d'Arguin 38
  de sable 10, 20
  de sauvetage 38
  Nore 34
  -radeau 38
Bande (donner de la) 18
Banquise 11
Baril 52
Baromètre 11
Barre,
  à mine 55
  homme de 10, 33, 41
Baryocyclomètre 11
Bass, George 13, 49
Bateau 8, 10, 12, 13, 14, 17, 33, 34, 37, 39, 41, 42, 43, 54, 56, 58, 59
  à roues 17
  à voiles 36
  de sauvetage 8, 40, 41, 42
  -feu 34
  -poste 21
Bâtiment 10, 20, 28, 41
  à voiles 9
  de commerce 24, 34
  de pêche 34
Bijoux 22, 23
Borelli, Giovanni 44
Bossoir 29, 39
Bouchain 40
Bouée 10, 34, 39, 42, 43
  électrique 11
  de bois 10, 11, 12
Boussole 21, 32, 33
Braer 30
Brancard 8, 43
Brouillard 9, 10, 22, 33, 34, 35, 36, 37
Bullimore, Tony 39

C
Cabestan 53
Cabine 21
Câble 10, 21, 27, 29, 43, 45, 51, 52, 53
  de mouillage 19
Cabotage 32
Cadran solaire 32
Cale 15, 21, 24, 42, 54, 55
Canon 14, 18, 19, 20, 22, 24, 25, 50, 52, 53
  affût de 26, 27
Canot
  de sauvetage 21, 25, 29, 38, 39, 43, 52
  de survie 40
  pneumatique 40, 41
Capitaine 21, 29, 58, 59
Carène 19, 40
Carew, sir George 18, 19
Cargaison 8, 12, 16, 21, 24, 30, 31, 44, 54, 55
Caronade 25
Carré 9
Carte 10, 32, 33
  digitale 42
Cartographie 49
Casque 9, 45
  -cloche 45
Catastrophe 26, 29
Ceinture de plomb 47
Chappe, Claude 37
Charpentier 12, 16, 18
Chaudière 52
  « pipe à tabac de la reine » 55
Chavirement 19, 26, 27, 39, 40
Chronomètre 33
Cimetière 26
Ciseau 53
Clé 12
Clipper
  Royal Charter 21
Cloche 10, 14, 27, 37, 44, 45
Code 36, 37
Coffin, Owen 38
Collision 9, 10, 36
Colomb, Philip 37
Combat 22, 25
Combinaison 36
Comex 49
Commerce 13, 16, 24, 55
Compagnie des Indes
  hollandaises 56
  orientales 17
Conservation 56, 57
Construction 16, 27, 34
Cooper, James Fenimore 25
Coq (cuisinier) 52
Coque 10, 11, 12, 19, 20, 25, 27, 28, 30, 39, 40, 42, 57
  autoredressante 40
Corail 10, 56
Corne de brume 10, 34, 35, 36
Côte 10, 40, 41, 42
Couler 10, 12, 16
Courant 10, 11
Cousteau, Jacques-Yves 46
Crescent City 8
Cuivre 12, 13, 14, 15, 18, 44, 52, 54
Cyclone 11

D
Dame de nage 38
Dangers 10, 36, 42, 58
Davis, John 32
Deane, Charles et John 14
Décompression 48
Defoe, Daniel 58
Dérive 43
Dessalement 39
Détection 50
Détendeur 45, 46
Détresse 9, 42
Diana 24
Die Fraumetta Catharina on Flesburg 54
Dispositif anti-incendie 30

E
Earl of Aberga enny 52, 54
Eau 8, 10, 11, 14, 16, 18, 19, 20, 23, 24, 26, 27, 31, 38, 39, 42, 43, 44, 46, 47, 48, 49, 53, 56, 57
Echouage 10, 16, 30, 53
Ecope 39
Ecoutille 25
Ecueil 20, 32
Embarcation 12, 17, 39, 40, 41
Emplanture 12
Epaves
  Aeolian Sky 54
  Arles IV 50
  Auriana 53
  A alanche 55
  d'Anticythère 15
  d'Ulu Burun 12, 13
  de Kyrenia 12, 13
  de Sinan 16
  de Vigo 15, 59
  de Vung Tau 16, 17
  Duoro 21
  Earl of Aberga enny 52, 54
  Girona 23
  Hamilton 24, 25
  Orient 20
  Politician 58
  Ramillies 20
  Saint-Géran 21
  Scourge 24, 25
  Titanic 28
  Vasa 14, 26, 27
Equipage 9, 10, 11, 21, 26, 29, 34, 36, 38, 39, 40, 41, 52, 53, 58
  de volontaires 41
Equipe de surface 44, 45
Equipement 46
  de navigation 9
Essex 38
Exxon Valdez 30, 31

F
Fanal 34, 35
Feu 23, 30, 34, 42
Figure de proue 24, 25, 27, 29
Filet 15, 50
Filin 47
Flottabilité 46
Flotte 20
  anglo-hollandaise 15
Flotteur 38, 40
Fond 47, 50, 53, 59
  plat 16
Forfarshire 34
Fouille 19, 26, 50, 59
Fresnel, Augustin 35
Froid 29, 30, 38, 39, 47, 48
Franzen, Anders 27
Frégate
  Méduse 38
Fusée
  de détresse 37, 39
  éclairante 42

GH
Gaffe 42
Gagnan, Emile 46
Gaillard 19
  d'avant 19
Galion espagnol 16
Geldermalsen 56
Géricault, Théodore 38
Girona 22, 23
Gilet gonflable 46, 47
Goélette
  Hamilton 24
  Scourge 24, 25
Gouvernail 16
  d'étambot 16, 17
Grand étai 15
Gravelines, bataille de 22, 23
Grue
  de charge 29
  -ponton 19
Guerre de l'Opium 17
Guibre 27
Hamilton 24, 25
Hadley 32
Haut-parleur 44
Hélicoptère 9, 35, 40, 41, 43, 49
Heure 33
Hillary, William 40
Homère 59
Hublot 21, 48
Hune
  d'artimon 19
  grand mât de 19
Hypothermie 42

IJKL
Iceberg 28, 29, 33
Ifremer (Institut français de recherche pour l'exploitation de la mer) 50
Ile 20
  de France 21
  de Man 40
  des Sirènes 59
  Eriskay 58
  Ithaque 59
  Shetland 30
  South Uist 58
Institution royale nationale du bateau de sauvetage 40
Insubmersible 28, 40
Invincible Armada 22, 23, 33
Jarrett, Jim 48
Jonas 58
Jonque 16, 17
  Keying 17
Karluk 38
Kuan-yin 16
Kyrenia 12
Lanterne à huile 34
Lest 45
Lethbridge, John 44
Lichfield 10
Ligne de flottaison 16, 19, 26, 28
Limbe 32
Longitude 32, 33
Longue-vue 36
Lord Nelson 25
Lumière 36
Lunette 32

M
MacKenzie, Compton 58
Manche, la 10, 22
Mangen, Hippolyte 59
Marco Polo 16
Marée 20, 40
  noire 30, 31
Marie Céleste 9
Mary Rose 14, 18, 19, 57
Marin 8, 10, 11, 12, 14, 18, 21, 24, 26, 27, 32, 33, 34, 36, 37, 38, 40, 52, 59
  chanson de 53
Marine
  à voile 50, 52
  de guerre 17, 20, 22, 24, 37
Masque 45, 46
Mât 12, 18, 25, 37, 59
  de hune de contre-artimon 19
  de misaine 19
Matelot 26, 52, 58
Méduse 38
Melville, Herman 38
Mer 8, 9, 10, 11, 13, 14, 16, 18, 26, 31, 37, 38, 39, 40, 41, 43, 46, 48, 51, 54, 56, 58
Micro-organisme 31
Microphone 44
Mine flottante 54
Moby Dick 38
Monnaie 8, 54, 55
Morse, Samuel 36
Moteur 10, 41, 49
Mousse 38
Mycènes 13
Myers, Ned 25

NO
Narcose 48
Naufragé 8, 41, 42, 43
Nautile 29, 50
Navigateur 32, 33
Navigation 10, 14, 16, 20, 32, 33, 34, 42
  à vapeur 54
  automatique 42
Navire 8, 9, 10, 11, 14, 16, 18, 19, 22, 24, 25, 26, 27, 29, 30, 36, 37, 38, 39, 40, 41, 42, 48, 50, 52, 53, 54, 55, 57, 58, 59
  amiral 20
  à vapeur 36
  baleinier 38
    Essex 38
  de guerre
    britannique
      Admiral Gardiner 55
      Lichfield 10
  de recherche 50
  de Sinan 16
  d'Europe 16
  d'Ulu Burun 12
  marchand 54
  Pandora 11
  romain 34, 55
  Vasa 14
Nemo 59
Néoprène 47
Noé 58
Noyade 14, 18, 38, 52, 59
Océan 11, 49, 59
Océanographe 28, 29
Octant 32
Odyssée, l' 59
Œuvres vives 19
Officier 18, 19, 20, 26, 29, 37, 46, 53
Or 12, 13, 20, 22, 52, 54, 55
Ordinateur 42, 50
Orient 20
Ouragan 11
Owen, Samuel 8

PQ
Pack 11
Palan 42
Palier 48
Palme 47
Pandora 11
Paquebot 9
  Andrea Doria 9
  Stockholm 9
  Titanic 28
Parachute 46
Passager 21, 28, 29, 38, 39, 49
Paul et Virginie 21
Pavillon 36
Pavois 25
Pêcheur 14, 15, 16, 50
  d'éponges 13, 14, 15
  de perles 14
PEG (polyéthylène glycol) 57
Peress, Joseph 48
Pétrole 30, 31, 57
Pétroliers 30, 31
Phare 34, 35
  gardien de 34, 35
  Pharos 34
Phillips, Jack 29
Pilote 35, 43, 49
Pinnule 32, 33
Pirate 17, 22
Piraterie 15
Pistolet 37, 53
Plage 30, 31
Planche à écrire 13
Plate-forme 35
Plongée 15, 26, 44, 46, 47, 57
Plongeur 9, 13, 14, 15, 17, 19, 22, 27, 28, 44, 45, 46, 47, 48, 49, 51, 54, 55, 56
Pôles 11
Pollution 30, 31
Pompage 30, 31
Pont 19, 24, 25, 29, 38, 39
Politician 58
Porcelaine 16, 17, 21, 56, 57
Port 20, 26, 34
Poséidon 15
Position 33, 37
Positionneur 33, 34
Poulie 42
Poupe 21, 27, 43
Pression 10, 11, 46, 48
  atmosphérique 11, 48
  sous l'eau 49
Quart 37
Quartier 32

R
Radar 9, 10, 33, 34, 42
Rade 14
  de Vigo 15
Radeau de sauvetage 38, 39, 58
Radeau de la Méduse, Le 38
Radio 11, 33, 36, 37, 39, 42, 43
  balise 42
Ramillies 20
Recherche 15, 20, 50
Récif 10, 31, 47, 59
Remontée 50, 53, 56
Remora 49
Remorqueur 30
Renflouement 14, 27, 50
Repérage 50, 56
Repère (flottant) 10
Réplique 12
Requin 38
Rescapé 9, 25, 38, 41, 42, 43
Respiration 14, 44
Rivage 10
Robinson Crusoé 58
Robot 24, 28
  Argo 28
  ROV 24, 25
Roche 53
Rocher 8, 10, 30, 34
  d'Eddystone 35
Rose des vents 11
Rouille 53
Roulis 54
Route maritime 9, 10
ROV (Remotely Operated Underwater Vehicule) 24, 25
Royal George 14

STU
Sable 31, 50, 53
Sabord 18, 19, 27
Safran 16, 19
Sainte-barbe 52
Saint-Géran 21
Saint Nicolas 59
Saint-Pierre, Bernardin de 21
Sauvetage 9, 14, 15, 42, 54, 55
  banc de 38
  câble de 10
  embarcation de 10
  gilet de 43
  service de 9
Sauveteur 8, 20, 39, 41, 42, 43
Scaphandre 9, 14, 44
  autonome 9, 14, 45, 46
  rigide 48, 49
    Drager Newt 49
    Jim 48
Scaphandrier 15, 26, 27, 44, 45, 59
Scourge 24, 25
Scientifique 38
Scorbut 53
Sculpture 15, 24, 25, 27
Sea Empress 30
Secours 29, 38, 40, 41, 58
Selkirk, Alexander 58
Sémaphore 36, 37
Sextant 32
Siebe, Augustus 45
Sifflet 36
Signal 33, 36, 37, 43, 50, 51
Sinan 16
Sirène 27, 59
La Petite Sirène 59
Solent 18
Sonar 25, 50, 51
Sondeur 33, 34,
  à ultrasons 42
SOS 29, 36
Sous-marin 29, 48, 49, 50, 59
Spinola, Fabricio 23
SS Camberwell 54
Statue 15
Stefansson, Vilhjalmur 38
Stenuit, Robert 23
Suceuse 50
Survivant 8, 24, 29, 34, 38, 58
Tempête 9, 11, 34, 35, 38, 41, 59
Teugue 19
Timonerie 33, 42
Titanic 28, 29, 39, 59
Torpillage 38
TSF (télégraphie sans fil) 37
Trésor 8, 15, 20
Typhon 11
Ulu Burun 12, 13
Ulysse 59
Urgence 36, 45

VWY
Vague 10, 21, 31, 42, 43, 48
Vapeur 9
  Nemesis 17
Vaisseau 9, 14, 15, 18, 19, 20, 24, 27
  de guerre 52
  de Hollande 16
  Geldermalsen 56
  Orient 20
  Royal George 14
  suédois
    Vasa 14, 26, 57
Vaisselle 16, 19, 26
Vasa 14, 26, 27, 57
Vase 17, 27, 53, 54
Venise 14
Vent 9, 10, 11, 18, 20, 24, 32
Vergue
  de civadière 19
  de misaine 19
Verne, Jules 59
Very, Edward 37
Vêtement 26, 38, 39, 40, 44, 45, 47, 53
Victime 26, 29, 59
Vidéo 9, 25, 28, 51
Vigo 15, 59
Vingt Mille Lieues sous les mers 59
Virure 12
Voile 18, 26
  grand- 15
Voilier
  Marie Céleste 9
Volontaire 42
Vung Tau 16, 17
Woods Hole Institute 28, 29
Yacht 42
Yassi Ada 49

NOTES

Dorling Kindersley tient à remercier : Georgette Purches et Gill Mace du RNLI ; le Charlestown Shipwreck and Heritage Centre, Richard et Bridget Larn ; l'Ocean Leisure à Londres ; Martin Dean et Steve Liscoe de l'Archaeological Diving Unit, St. Andrews ; Jim Pulack de l'Institute of Nautical Archaeology, Texas, Etats-Unis ; le musée *Vasa* à Stockholm ; Simon Stevens, Gloria Clifton et Barbara Tomlinson du National Maritime Museum, à Londres ; Alan Hills du British Museum ; Darren Troughton, Diane Clouting, Julie Ferris, Carey Scott, Nicki Waine, Nicola Studdart, Anna Martin et Chris Bernstein.

ICONOGRAPHIE

L'éditeur remercie les agences et personnes suivantes de leur aimable autorisation de reproduction :
h=haut, b=bas, c=centre, g=gauche, d=droite
Archaeological Diving Unit, St. Andrew's University 9br ; Bridgeman Art Library 8cg, 11hd, 15hg, 15cd, 22hd, 22cg, 58hd, 59hg ; Jean Loup Charmet 34c ; Christie's Images 16bd, 17hg, 17b ; Bruce Coleman 9hd, 10hd ; Mary Evans Picture Library 9bg, 14cg, 16hg, 20bg, 28hg, 29hc, 32cg, 36hd, 37hg, 38hg, 59hd ; E.T. Archive 17hd, 17cd ; Sonia Halliday 58cg, 59cg ; Robert Harding Picture Library 10c ; Hulton-Getty 24hd, 37bc, 44cg ; Ronald Grant Archive 58bg ; Susan and Michael Katzev/I.N.A. 12bg, 12c ; Image Select 45bg ; I.N.A. (Institute of Nautical Archaeology), Texas, USA 13hg, 13hd, 13cg, 13cd, 13bg, 13bd/National Geographic/Mr Bates Littlehales 49hg, 50bd ; Kobal Collection 59bg ; Mary Rose Preservation Trust 18c, 18b, 19hd, 19c, 57bd ; Mansell Collection 44cd, 55hg ; Nantucket Historical Association 38c ; National Geographic Image Collection/Edward Kim 16bg, 16c, 16cd/Emory Kristof : 24bg, 24–25bc/Richard Schlecht 25hd/Hamilton Scourge Foundation 25bd ; National Maritime Museum, London 14c, 15hd, 21hg, 21bd, 22–23b/R.M.S. Titanic, Inc. 28–29b, 32c, 32b, 33hg, 33hc, 33c, 36bc, 53hc ; Bjorn Landstrom/Vasa Museum 26hd ; Pepys Library, Magdelene College, Cambridge 18hd ; Planet Earth Pictures 46cg ; Popperphoto 9hg ; Portsmouth City Council Museums and Record Service 14bg ; R.A.F. Culdrose 35cg ; Rex Features 9hc, 10bg, 19hg, 33hd, 39cd, 43bc, 47hd, 52c, 56cd, 59hc ; R.N.L.I. 34cg, 40c, 41hd, 41c, 41cd, 42hg ; Alexis Rosenfeld 48–49b, 49hd, 49bd, 50bg, 50hd, 50hdc, 50c, 57hg ; Science Photo Library 11bg/Klein Associates 25hg, 30hd, 30bg, 31hg, 31hd, 31bc ; Frank Spooner 30–31c/Gamma 31cd, 31bd, 49cd ; Sygma 29hg, 29hd, 29ch, 29c, 29cd, 30cg ; Telegraph Colour Library 33bd, 41hg, 50–51 ; Ulster Museum, Belfast 22c, 22bg, 23hg, 23hc, 23hd ; Vasa Museum, Stockholm 26c, 26cg, 26bg, 26–27b, 27hg, 27hd, 27c, 27bd, 57c, Weidenfeld and Nicolson Archives 38bg ; Zefa 10cg, 10cd, 33cd, 35c, DR 20hg, 21hd.

Tout a été fait pour retrouver les détenteurs des copyrights. Nous nous excusons par avance des erreurs ou omissions involontaires. Nous serons heureux de pouvoir les corriger lors d'une prochaine édition.